Gérer les conflits dans vos formations

Éditions d'Organisation
Groupe Eyrolles
61, bd Saint-Germain
75240 Paris Cedex 05

www.editions-organisation.com
www.editions-eyrolles.com

Dominique LATASTE

Gérer les conflits
dans vos formations

EYROLLES

Éditions d'Organisation

À Sophie
À Mohammed

Sommaire

Introduction XI

PARTIE I

On ne peut penser « formation » sans penser « conflit »

1 – La complexité humaine rend le conflit inévitable 3

La formation, entre réciprocité des échanges et rareté
des ressources 4

La formation, un lieu où chacun doit tenir son rôle 7

La formation, un lieu d'exercice du pouvoir 9

La formation, une hétérogénéité de motivations à gérer 13

La formation, un climat influencé par le style du formateur 17

La véritable formation est par nature conflictuelle 20

Le conflit comme résistance au changement 25

2 – Définir le conflit et le repérer 31

Caractériser le conflit 31

Des indicateurs du conflit 35

Petite enquête auprès de collègues formateurs 41

3 – Le conflit comme l'épisode d'un récit d'insertion 45

Analyse d'un récit d'insertion socioprofessionnelle 46

Première étude de cas : le stagiaire parvient à surmonter l'obstacle   50

Seconde étude de cas : le conflit formateur/stagiaire...................   53

Le schéma du conflit formateur/stagiaire qui «tourne en rond»

et se propage   56

PARTIE II

Comment tirer parti du conflit

**Démarche 1 – Renforcer son identité de formateur en délimitant
son champ de pratique**   61

La formation, son territoire et ses frontières   62

Guider sa pratique à l'aide de postulats   68

Démarche 2 – Se présenter et faire connaissance   77

Utiliser une technique pour se présenter et/ou faire connaissance   78

Au fond, que signifie se présenter et faire connaissance?...........   82

**Démarche 3 – Poser un cadre de « protection » et établir
des règles de vie**..   93

Poser un cadre général pour offrir une protection
au groupe naissant   94

Coproduire des règles de vie   97

Renégocier les règles   99

Pourquoi est-il nécessaire de poser des règles
et de les (re)négocier?..   99

Démarche 4 – Recourir aux méthodes pédagogiques 103

Méthode et typologie de savoirs... 104

Utiliser à bon escient les différentes méthodes pédagogiques...... 105

Faut-il privilégier une seule méthode?...................................... 111

Démarche 5 – Instaurer une forme de communication spécifique lors de l'évaluation ... 115

L'importance du feed-back et de la maîtrise des différents signes de reconnaissance ... 117

Communiquer avec les signes de reconnaissance (SR) lors d'une évaluation ... 120

Démarche 6 – Communiquer en situation conflictuelle ... 123

Pourquoi faut-il apprendre à communiquer en situation conflictuelle? ... 124

L'EPOC, un protocole partagé de communication en situation conflictuelle ... 126

Un protocole de communication face à une personne agressive .. 129

Démarche 7 – Prendre soin de soi en tant que formateur ... 133

Émotions et gestion du stress ... 133

Pour pratiquer une meilleure gestion du stress ... 139

Démarche 8 – Clôturer la vie du groupe et se séparer ... 143

Les étapes de la vie du groupe et la fin de la formation ... 143

Première proposition : princes, princesses et lutins ... 146

Deuxième proposition : la dernière valse ... 146

En guise de conclusion ... 149

Remerciements ... 151

Références bibliographiques, cinématographiques et vidéographiques ... 153

Index des notions clés ... 161

Index des noms propres ... 167

Table des questions

Apprenant ou stagiaire? 5

Des stagiaires peuvent-ils avoir une «mauvaise influence»
dans le groupe? 13

Qu'est-ce qu'un «adulte»? 13

Quelle est la «bonne» attitude d'un formateur
vis-à-vis des stagiaires? 20

ZPD et conflit cognitif 21

Pourquoi faut-il maintenir une bonne ambiance de groupe?...... 23

Pourquoi, alors qu'un stagiaire semble motivé, ne s'engage-t-il
pas à changer?... 25

Bateson a identifié deux niveaux de changement
(Marc et Picard, 1984; Kourilsky-Belliard, 1999) 26

Pourquoi vaut-il mieux abandonner le terme de «savoir-être»? .. 63

Le formateur est-il responsable de la réussite des stagiaires?........ 73

Pourquoi dit-on que «formateur» est un métier impossible? 75

Comment caractériser un groupe d'adultes en formation? 77

Que favorise la formation en groupe? 85

Pourquoi faut-il donner des règles de fonctionnement en groupe
dès le début de la formation? 94

Pourquoi le formateur doit-il demander aux stagiaires
de prévenir le groupe lorsqu'ils sont absents? 95

Comment s'ajuster à la zone proximale de développement
des stagiaires?.. 118

Pourquoi parle-t-on de phénomènes transférentiels
en formation? 129

Faut-il vouvoyer ou tutoyer les stagiaires? 130

Introduction

Souvent ressentis par le formateur comme une calamité entravant l'acquisition des apprentissages, les tensions ou les conflits sont plus ou moins fréquents selon les groupes en formation. Il y aurait même de «bons groupes» (ceux dans lesquels il y a peu de conflits ou des conflits ayant une incidence négative minime pour la formation) et des «groupes à problèmes» dans lesquels les conflits freinent la progression des stagiaires et désespèrent le formateur, voire lui rendent la vie impossible...

Après une expérience de formateur (technique et insertion), j'exerce depuis une dizaine d'années, en tant que formateur de professionnels de la formation et de l'insertion :

- en formation auprès de professionnels qui ont quitté leur métier et désirent apprendre le métier de formateur ;
- en formation continue auprès de formateurs et de responsables de formation qui souhaitent prendre du recul par rapport à leur pratique et continuer à se professionnaliser ;
- auprès d'étudiants en sciences de l'éducation qui découvrent le domaine de la formation professionnelle des adultes ;
- en groupes de formation par l'analyse de la pratique auprès de professionnels de l'insertion.

Tout au long de ces années d'expérience, je me suis aperçu que le thème du conflit (ou des tensions) était central, que la plupart des questionnements des acteurs de la formation y étaient liés. Cependant, il existe peu de littérature sur ce sujet. Moi-même, en tant que formateur, j'ai peu à peu construit une pratique que j'ai élaborée en puisant dans divers champs disciplinaires. Cet ouvrage est le fruit de cette pratique, de discussions et de confrontations entre pairs, de lectures d'auteurs de différentes disciplines des sciences humaines, de séminaires, de formations, d'enseignements... J'ai écrit ce livre en veillant à citer toutes mes sources afin que le lecteur puisse s'y référer s'il souhaite approfondir un point (les concepts présentés sont très souvent simplifiés).

Concrètement, ce que je propose ici au lecteur est issu de mon approche de praticien qui a cherché à comprendre et à surmonter ses problèmes de formateur. Mon ambition est d'aider les professionnels de façon opérationnelle tout en leur permettant de se référer à des cadres théoriques des sciences humaines combinés les uns aux autres. En effet, les rapprochements entre les différents concepts utilisés dans cet ouvrage ne sont possibles (les cadres théoriques dont ils sont issus sont très différents) que dans la mesure où ils contribuent à donner quelques éclairages sur les manifestations du conflit en formation.

Qu'appelle-t-on conflit en formation et comment l'expliquer? Comment le gérer? Peut-il être considéré comme faisant partie de l'acte de formation, notamment s'il s'agit de formation de longue durée destinée aux personnes en reconversion et/ou en insertion? C'est à ces questions que cet ouvrage tente de répondre par une réflexion théorique mais aussi en proposant des outils concrets et éprouvés sur le terrain depuis une quinzaine d'années.

Dresser les raisons pour lesquelles le conflit en formation de longue durée est inévitable, le caractériser, montrer qu'il peut avoir plusieurs significations et que l'on ne peut penser «formation» sans penser «conflit», constituent la première partie de l'ouvrage.

La seconde partie est composée d'un recueil de propositions, de réflexions et d'outils pédagogiques pratiques pour faire face aux conflits en formation. Elle peut être consultée indépendamment de la première partie; le lecteur pourra repérer la démarche à consulter en fonction du sujet qui l'intéresse.

Partie I

On ne peut penser « formation » sans penser « conflit »

Trois temps sont consacrés à cette première partie : un temps pour expliquer que le conflit en formation est inévitable, voire nécessaire ; un temps pour caractériser le conflit d'origine psychologique et percevoir en quoi il peut devenir un obstacle pour le formateur et pour le groupe de stagiaires ; et, enfin, un temps pour en comprendre le sens et la dynamique. Un modèle de conflit dans la relation formative conclura cette première partie.

1

La complexité humaine
rend le conflit inévitable

Afin d'examiner les nombreuses causes de conflits en formation[1], nous allons utiliser différents concepts issus des sciences humaines. Ces divers éclairages vont nous permettre d'envisager la complexité du métier de formateur, de comprendre pourquoi le conflit en formation est bien souvent inévitable, nécessaire quelquefois, et de montrer qu'il y a des actions à mener pour l'utiliser à bon escient et non le subir. Déjà quelques pistes seront envisagées pour gérer la situation.

> ▶ *Avant de le définir un peu plus précisément, appelons «conflit» toute situation dans laquelle stagiaire(s) et/ou formateur sont confrontés à un obstacle pour lequel ils ne trouvent pas de solution et/ou qui génère une insatisfaction et une tension persistante qui ne sont pas toujours clairement exprimées.*

---

1. Pineau (1994, p. 438 à 440) explique que la formation déborde largement les apprentissages professionnels, c'est un *«processus unificateur de mise ensemble, en sens, d'éléments et moments autrement séparés»*. Il rajoute que *«se former, se donner une forme, est une activité plus fondamentale, plus ontologique, que s'éduquer [...] c'est reconnaître qu'aucune forme achevée n'existe a piori qui serait donnée de l'extérieur. Cette forme toujours inachevée dépend d'une action. Sa construction propre dépend d'une activité permanente»*. En effet, quel que soit son type (professionnelle ou d'insertion, en direction de jeunes ou d'adultes), la formation est «expérientielle», elle transforme, elle rassemble. Aussi, tout au long de cet ouvrage, les actions proposées vont-elles montrer comment le formateur peut accompagner les personnes vivant ce processus.

GÉRER LES CONFLITS DANS VOS FORMATIONS

La formation, entre réciprocité des échanges et rareté des ressources

Sartre, dans son ouvrage *Critique de la raison dialectique*[1], donne un cadre de compréhension du conflit : le conflit s'articule sur une dialectique entre la rareté des ressources et le besoin de réciprocité entre les hommes (Sartre, 1960 ; Vautrelle, 2001).

La réciprocité

À la genèse d'un groupe en formation, les échanges semblent s'établir d'abord entre le(s) formateur(s) et les stagiaires pour devenir ensuite multiples (entre les stagiaires). C'est le formateur qui, au début de la formation, catalyse tous les regards et consacre aussi du temps à chacun d'eux en retour. Comment doser ce temps à consacrer ? Si des stagiaires estiment être lésés, ils pourront imaginer un manque de réciprocité qui produira peut-être des tensions entre les stagiaires et/ou vis-à-vis du formateur. On peut donc voir le manque de réciprocité comme une composante du conflit. Pour favoriser la régulation des échanges, il y aura des actions à entreprendre. En tout cas, on voit ici que la réciprocité ne va pas toujours de soi.

Or, la réciprocité est le fondement des rapports humains. Elle est l'élément principal de la socialisation, le ciment d'une communauté, d'un groupe. Néanmoins, cette réciprocité est subtile. En effet, le moteur de la socialisation est l'échange non marchand, basé sur le principe du don et de la dette. Le don se présente comme gratuit même si, en réalité, le donateur attend, sans le dire, un retour. C'est ce non-dit dans la réciprocité qui permet la socialisation et c'est, je pense, la rareté du retour (de liquidation de la dette) qui peut créer une frustration. Or,

---

1. J.-P. Sartre, *Critique de la raison dialectique*, Gallimard, 1960.

demander un retour, le «marchander», c'est dénoncer une dette et prendre le risque de la rupture; c'est donc obtenir l'effet inverse de la socialisation.

Apprenant ou stagiaire?

On trouve différents termes pour désigner les personnes en formation : les apprenants, les «se formant», etc. Ces termes donnent une importance aux processus cognitifs d'acquisition des savoirs. Pour ma part, j'utilise celui de «stagiaire». Le stagiaire est celui qui suit un *stage* (mot formé à partir du latin *stagium* qui signifie séjour). Un séjour a une durée limitée, invite au «dépaysement» et génère une expérience personnelle (Pelpel, 1989). Les personnes en formation de longue durée suivent des stages d'une durée déterminée (de 3 à 11 mois) où il n'y a pas de «redoublement» possible et où ils vivent souvent deux types d'expériences : d'une part, comme le lieu de formation est souvent éloigné de leur lieu habituel de vie, ils sont contraints à prendre leurs repas à l'extérieur et à être hébergés dans un foyer; d'autre part, le temps de formation, après une période de chômage, les amène à :
– se réapproprier des horaires «de travail»;
– se confronter à des situations pédagogiques et collaborer avec d'autres collègues pour les résoudre;
– apprendre un nouveau métier.

La rareté

En principe, une formation a pour but de répondre à des besoins collectifs. Elle a nécessité un effort de la collectivité : de l'État, des régions par exemple qui financent des actions de formation. Toutefois, si la formation est bien une action collective, elle est cependant limitée dans le temps : sa durée et sa fréquence sont déterminées d'avance. On peut dire que la formation constitue une ressource limitée et que le formateur ne pourra peut-être pas répondre à toutes les sollicitations qui lui seront faites. Lorsqu'un stagiaire posera une question (surtout si elle le concerne plus particulièrement), il consommera la ressource temps et en privera potentiellement les autres. Si le temps de parole n'est pas géré, ceux qui n'auront pas pu poser leurs questions risquent d'être frustrés.

Et cette frustration devient alors un obstacle qui demande une prise de décision individuelle et de groupe par une négociation des règles de fonctionnement. Car si le groupe ne parvient pas à réguler le conflit, celui-ci risque de s'étendre; la rareté risque de s'installer encore plus, entraînant des communications pauvres (qui n'abordent pas le vrai motif de frustration), des bruits de couloir (où l'on dit du «bien» des autres sans jamais le leur dire en face…). Tous ces facteurs risquent d'appauvrir la compréhension mutuelle et d'accentuer la rareté des échanges socialisants.

D'autres situations peuvent se rencontrer, où la consommation d'une ressource ne la rend plus disponible pour les autres. Par exemple, l'utilisation d'Internet est souvent limitée en formation et il arrive que des stagiaires soient en colère parce que tous les postes informatiques sont occupés. De même, lorsqu'un formateur recherche avec un stagiaire la source d'une erreur, il n'est plus disponible pour les autres. Se donnera-t-il autant de «peine» pour les autres? Arrivera-t-il au même niveau d'attention? Estime-t-il que son rôle est de faciliter le partage des ressources dans le groupe?

«La nature est avare», nous dit Sartre. Aussi, face à cette rareté, les hommes doivent-ils collaborer pour satisfaire leurs besoins. La rareté unit les hommes, puisqu'ils doivent s'organiser en société pour lutter contre, mais ce qui les unit les conduit aussi à la désunion. En effet, comme les biens convoités sont en nombre insuffisant, les hommes sont amenés à considérer leurs voisins comme une menace. Pour Sartre, tout se passe comme si nous étions contraints à la compétition les uns envers les autres : nous avons besoin de collaborer avec les autres pour lutter contre la rareté mais cette collaboration devient, une fois le bien convoité accessible, une menace.

La formation, un lieu où chacun doit tenir son rôle

Dans chaque champ social, les comportements des membres ne sont pas fortuits. Chaque membre attend des autres une certaine manière d'agir selon le système dans lequel il se trouve. Le système peut être : l'entreprise, la famille, les amis, le centre de formation. Dans chaque système, chacun joue un rôle.

> ▶ *Le rôle, c'est «l'ensemble des modèles culturels associés à un statut donné. Il englobe par conséquent les attitudes, les valeurs et les comportements que la société assigne à une personne et à toutes les personnes qui occupent ce statut; on peut même y ajouter le droit d'escompter, venant des personnes qui occupent d'autres statuts dans le même système, certains comportements caractéristiques. Tout statut est ainsi associé à un rôle donné»*[1].
> *Et le statut, c'est la «place qu'un individu donné occupe dans un système donné à un moment donné»*[2].

Le statut est actuel ou latent. Dans un système, en famille par exemple, un individu occupe un statut (le statut actuel) et remplit le rôle correspondant à ce statut, parent par exemple. Il met alors en sommeil ses autres statuts (formateur, collègue, employé...) qu'il occupera plus tard et dans un autre lieu (ce sont ses statuts latents). Aussi, quand un individu ne remplit pas en même temps tous ses rôles potentiels, mais les occupe tour à tour, il ne peut y avoir de collusion de rôles. Enfin on peut, dans un système donné, jouer un rôle sans en avoir le statut.

Au regard de cette théorie, on peut caractériser trois types de conflits : le conflit «intra-rôle»; le conflit «inter-rôles»; et le conflit de «rôle-attente de rôle». Comment se manifestent-ils en formation?

---

1. A. Lévy, *Psychologie sociale*, tome 2, Dunod, 1996, p. 330.
2. *Ibid.*

7

Le conflit intra-rôle

Prendre un rôle, c'est adopter un système de valeurs. Les valeurs sont pour un groupe donné ce qui est bien ou non, ce qui se fait ou non. Un stagiaire qui change de métier peut vivre ce type de conflit. Par exemple, le métier de comptable demande une rigueur spécifique, les chiffres pardonnant peu. Mais une secrétaire, elle, devra concilier différents points de vue, faire circuler l'information ; elle est «la plate-forme tournante de l'information» dans une entreprise. Ces comportements sous-tendent différentes valeurs que le stagiaire devra adopter. Est-il prêt à cela ? Pour apprendre un métier (un rôle professionnel), il faudra donc qu'il prenne des décisions de changement qui peuvent être difficiles (comme les changements de valeurs ou de croyances sur soi, le changement de métier) et donc devenir sources de conflit. On parle alors de conflit entre la représentation de soi et de son rôle.

Le conflit inter-rôles

C'est une tension engendrée par les exigences de deux rôles incompatibles qu'il faut jouer à la fois devant les mêmes spectateurs (même temps et même espace). Ainsi, pour une adolescente, il est difficile de tenir son rôle de fille avec ses parents devant ses amis (auprès desquels elle devra paraître «libérée»). Un stagiaire, qui avait une position sociale reconnue (par exemple dirigeant d'entreprise) et qui s'évertue à la maintenir auprès de ses collègues, peut vivre difficilement sa position de stagiaire car il peut considérer le formateur comme une personne de pouvoir. De plus, si ce stagiaire persiste dans ce rôle, il court le risque d'être rejeté par le groupe.

Le conflit de rôle et d'attentes de rôles

Un rôle n'existe que s'il y a des attentes de rôles. Dans une pièce de théâtre, il y a des acteurs qui jouent un rôle et des spectateurs qui ont une attente particulière par rapport à la qualité du spectacle. Lorsqu'une personne occupe le statut de formateur, elle interprète, selon sa personnalité, un rôle. Il y a toujours une liberté d'interprétation. Or, cette interprétation demande à être examinée. En effet, il peut exister des attentes de rôles différentes entre le metteur en scène (l'institution qui emploie le formateur) et les spectateurs (les stagiaires). Chacun a des attentes qui lui sont propres. Le formateur doit concilier, par l'interprétation de son rôle, ces différentes attentes. Dans le cas où il n'interprète pas son rôle comme son employeur ou les stagiaires l'imaginent, il y a un risque de conflits. Par exemple, dans une formation d'insertion qui a pour objectif le retour à l'emploi, le formateur peut être confronté à la difficulté de concilier les attentes des stagiaires (que leurs besoins et leurs difficultés par rapport au marché de l'emploi soient pris en compte, que leur rythme soit respecté…) et les impératifs de réalisation d'objectifs (qu'un pourcentage significatif – fixé par le financeur de l'action – de stagiaires aient un emploi dès la fin de la formation).

À partir de cet exemple, on aura compris que le statut de formateur est « statique », tandis que son rôle, lui, est plutôt dynamique dans la marge d'interprétation qu'il laisse. On peut approfondir cet exemple en imaginant une interprétation stratégique. C'est ce que nous allons voir maintenant avec la théorie de l'acteur.

La formation, un lieu d'exercice du pouvoir

Quelle que soit l'organisation dans laquelle il se situe, l'acteur a une marge de manœuvre pour exercer un pouvoir (Crozier et Friedberg, 1977).

L'acteur

L'acteur, dans une organisation, se définit ainsi :

* Il est **autonome**, c'est-à-dire qu'il a toujours une marge de liberté, si minime soit-elle. Même si une personne travaille dans un système

très réglementé, elle va se créer une marge de manœuvre (interpréter une zone d'incertitude) qui lui permettra d'exercer son autonomie. Aussi, le comportement de l'acteur est-il plus ou moins prévisible.

- Il est **rationnel**, c'est-à-dire qu'il ne fait pas n'importe quoi. Il établit des calculs[1] pour tenter de tirer profit de la situation en se fixant un objectif à atteindre.

- Il est **stratégique**, c'est-à-dire qu'il recherche la meilleure stratégie qui lui permettra d'atteindre son objectif à court ou moyen terme. Il saisit les opportunités qui vont l'amener vers son objectif. Sa stratégie peut être soit offensive, soit défensive, selon qu'il souhaite atteindre un objectif ou qu'il cherche à protéger sa zone d'autonomie qu'il considère menacée. Dans tous les cas, l'acteur possède une ressource de pouvoir appropriée au regard du contexte.

Le pouvoir

▶ *Le pouvoir est une relation qui s'établit entre deux ou plusieurs personnes, «c'est un rapport de force, dont l'un peut retirer davantage que l'autre, mais où, également, l'un n'est jamais totalement démuni face à l'autre»[2].*

Le formateur, de par son statut, peut donner une consigne à un stagiaire – ou lui demander de respecter certaines règles. Pour autant, celui qui se situe «en position basse» (le stagiaire) n'est pas démuni. Il peut ne pas être totalement subordonné au formateur. En effet, «*Le pouvoir d'un individu [...], est bien fonction de l'ampleur de la zone d'incertitude que*

---

1. La rationalité de l'acteur est toutefois limitée. La limitation porte sur sa capacité à percevoir les éléments pertinents dans la situation et à établir une stratégie qui serve son objectif. Il peut se tromper ou être manipulé.
2. M. Crozier et E. Friedberg, *L'Acteur et le Système*, Seuil, 1977, p. 69.

l'imprévisibilité de son propre comportement lui permet de contrôler face à ses partenaires »[1]. Cette zone d'incertitude (ce qui ne peut pas être prévu par les règles) doit être pertinente pour modifier les actions de celui qui est « en position haute » (le formateur). Par exemple, un formateur peut demander à un stagiaire systématiquement en retard le matin d'arriver dorénavant à l'heure et le voir débarquer le lendemain bien à l'heure… mais avec sa tartine de confiture et son café à la main !

Il existera toujours une différence entre ce qui est demandé par le formateur et ce qui est réellement réalisé par les stagiaires. Le fait que le stagiaire utilise ses ressources de pouvoir peut devenir un obstacle pour le formateur et générer une frustration qui pourrait se traduire en conflit. Quant au stagiaire, il a pu vivre la relation de pouvoir comme un obstacle et utiliser ses ressources de pouvoir pour « surmonter » la situation.

Les ressources de pouvoir

J'ai dit plus haut que le stagiaire, même s'il est en position « basse », n'est pas dépourvu de ressources de pouvoir. Faisons l'inventaire des quatre types de ressources de pouvoir du stagiaire.

* La **maîtrise de la communication et de l'information.** *« Pour pouvoir convenablement remplir la tâche ou la fonction assignées à son poste, un individu aura besoin d'informations provenant d'autres postes détenus par d'autres individus. »*[2] Le formateur, pour exercer son métier, a besoin de vérifier la compréhension des stagiaires. Pour cela, il est amené à poser des questions et à évaluer les réponses qui nécessiteront ou non des remédiations (des compléments d'information par exemple). Il est en ce sens tributaire du stagiaire qui aura toute latitude de lui répondre ou non.

1. *Ibid.*, p. 72.
2. *Ibid.*, p. 87.

- L'**expertise**. «*L'expert est le seul qui dispose du savoir-faire, des connaissances, de l'expérience du contexte qui lui permettent de résoudre certains problèmes cruciaux pour l'organisation.*»[1] Avec la multiplication des moyens d'information (Internet, multimédia, ouvrages), le formateur ne dispose plus uniquement (comme dans le passé) de la quasi-exclusivité de l'information sur un thème qu'il va aborder en formation. Il peut arriver que certains stagiaires connaissent mieux certains thèmes que lui, ce qui pourrait provoquer des «bras de fer» entre «experts».

- La **connaissance des règles**. «*Les règles sont en principe destinées à supprimer les sources d'incertitude.*»[2] Cependant, paradoxalement, souligne Crozier, c'est parce qu'elles existent qu'elles créent une zone d'incertitude. En effet, elles peuvent toujours être interprétées. Dans un des centres de formation où j'interviens, la formation débute le lundi à 9 heures, par confort pour ceux qui viennent de loin (et qui sont hébergés sur le lieu de formation). Cependant, régulièrement, certains stagiaires interprètent : «Si après les congés de Noël, la reprise se fait le mardi, alors je viendrai à 9 heures.»

- L'**appartenance à plusieurs réseaux**. Cette appartenance permet de «*jouer le rôle indispensable d'intermédiaire et d'interprète entre des logiques d'actions différentes, voire contradictoires*»[3]. Par exemple, le stagiaire qui possède des informations sur la formation (parce qu'il connaît un membre du personnel de l'organisme de formation ou un ami qui a déjà suivi cette formation…) peut en user et avoir une influence plus ou moins «aidante» dans le groupe.

---

1. *Ibid.*, p. 84.
2. *Ibid.*, p. 88.
3. *Ibid.*, p. 86.

**Des stagiaires peuvent-ils avoir une «mauvaise influence»
dans le groupe?**

Ce type de stagiaire est appelé «leader influent». Il peut avoir une influence (peu conscientisée) positive ou négative sur le groupe. D'après Moreno (Blanchet et Trognon, 1994), il existe dans les groupes une structure profonde constituée par des réseaux d'attraction, de répulsion ou d'indifférence entre les individus. Si l'on étudie ces réseaux, on peut mettre en évidence :
– les leaders populaires, avec qui les membres du groupe recherchent une relation privilégiée;
– les leaders influents, avec qui les leaders populaires ont une relation privilégiée (on les appelle aussi les «leaders cachés»);
– les isolés, avec lesquels les membres du groupe ne recherchent pas de relations;
– les exclus, qui sont systématiquement rejetés par le groupe.

La formation, une hétérogénéité de motivations à gérer

On pourrait rêver de stagiaires adultes, motivés par la formation et attentifs aux contenus pédagogiques présentés par le formateur, mais ce n'est pas si simple. Comment le formateur se représente-t-il le «bon stagiaire», celui qui est motivé? Et les autres, ceux qui ne le seraient pas, que viennent-ils faire en formation?

Qu'est-ce qu'un «adulte»?

Souvent en formation, on emploie le mot «adulte» comme si cela allait de soi. Les formateurs débutants imaginent que les personnes sont motivées pour apprendre parce qu'elles sont adultes. Puis, avec le temps, il n'est pas rare d'entendre ces mêmes formateurs dire : «Les stagiaires ne sont pas suffisamment adultes, alors…» Ce «alors…» en dit long sur leur sentiment d'impuissance. Ils pensent «qu'adulte» signifie : autonome, motivé,
.../...

.../...
responsable, équilibré, sûr de lui et de son projet, bien sous tous rapports en somme. Clarifier ce que veut dire aujourd'hui «adulte» me semble nécessaire. Pour cela, je propose de croiser trois points de vue :

– **Pour le juriste,** hormis les deux restrictions de tutelle et de curatelle, l'adulte est celui qui a atteint l'âge d'exercer un droit et est relevable d'obligations. Jusqu'en 1974, cette caractéristique était acquise à l'âge de 21 ans, alors que nombre de jeunes étaient insérés dans la vie sociale et professionnelle dès l'âge de 16 ans. Depuis 1974, elle est acquise à l'âge de 18 ans, alors que les jeunes restent plus longtemps dépendants des parents et de la société (études, chômage). En effet, aujourd'hui, l'insertion sociale et professionnelle des jeunes est effective vers l'âge de 25 ou 30 ans. De plus, une fois acquise, elle demeure fragile : nul n'est à l'abri du chômage. C'est un des aspects paradoxaux de l'expérience de la vie d'adulte : avoir l'âge de la majorité et «rester» ou «risquer de tomber» en dépendance financière.

– **Pour le sociologue,** un adulte dans une société industrielle se définit à l'aide de la séparation des classes d'âge. Les traits sociaux que partagent les jeunes générations permettent de les distinguer des plus âgées. Par exemple, dans ce type de société, les aînés exercent un métier que les plus jeunes apprennent à l'école ou en apprentissage. Or aujourd'hui, dans notre société postindustrielle, les plus âgés doivent retourner sur les «bancs de l'école» pour recycler des connaissances et/ou changer d'orientation professionnelle. La notion de classe d'âge devient confuse. Les évolutions technologiques s'accélèrent de plus en plus et les logiques économiques modernes rendent l'emploi plus incertain que dans le passé. Aussi, l'adulte doit-il anticiper et prendre la responsabilité de son orientation professionnelle et de sa formation, ce qui peut malmener son identité professionnelle et sa vie familiale.

Pour le psychologue, l'adulte traverse des cycles : à *20 ans,* il est influencé par un rêve, un idéal qui lui sert de projet transitoire; à *30 ans,* il réévalue son mode de vie qui ne correspond plus en principe aux aspirations qu'il avait à 20 ans; de *30 à 40 ans,* il cherche à se faire une place dans la société et à approfondir ses relations interpersonnelles; et à partir de *45 ans,* prenant conscience du mitan de la vie (c'est souvent un moment de crise), il finit par accepter des écarts entre certains de ses rêves et la réalité, ou par changer la façon de conduire sa vie.

En conclusion, être «adulte» aujourd'hui c'est vivre des périodes de doutes, de «déséquilibres» et de remises en questions permanentes. On est loin de l'équation de départ : «adulte» = autonome, motivé, responsable, équilibré, sûr de lui et de son projet.

La motivation est «ce quelque chose qui pousse à l'action» qui a toujours suscité différentes interrogations en formation. Carré (2001) a proposé une typologie des motivations des stagiaires qui s'engagent en formation sur laquelle nous pouvons nous appuyer. Il a défini cinq profils[1] de motivation. Si l'engagement d'un stagiaire en formation ne peut certainement pas se réduire à un seul profil, en principe l'un domine les autres; ce qui peut nous permettre de mieux comprendre en quoi les contenus et les modalités de la formation peuvent être sources de conflits.

1. Motivation intrinsèque et vers l'acte d'apprentissage

Ce premier profil rassemble les stagiaires dont l'intérêt porte essentiellement sur l'acquisition de contenus. Aussi, si l'objectif de la formation ne nécessite pas beaucoup de contenus théoriques mais plutôt des savoirs pratiques, ces stagiaires peuvent estimer ne pas avoir suffisamment reçu et perdre leur temps en formation.

2. Motivation intrinsèque et vers la participation

Ce deuxième profil rassemble les stagiaires qui ont plutôt un intérêt pour les contacts sociaux et/ou un intérêt pour les conditions matérielles de la formation : ambiance des lieux, confort, ressources disponibles (outils, ouvrages, équipements informatiques, etc.). Une formation qui ne propose pas de temps d'échanges entre les stagiaires afin d'établir ou de renforcer les liens sociaux, ou bien qui se déroule dans de mauvaises conditions matérielles, aura un impact négatif sur ce type de stagiaires.

---

1. En toute rigueur, Carré a positionné dix motifs d'engagement en formation à partir de ces cinq profils. Ces profils ont été établis à partir d'entretiens de stagiaires appartenant à différents organismes de formation d'entreprise ou d'insertion : RATP, Renault, Retravailler, AFPA.

3. Motivation extrinsèque et vers la participation

Ce troisième profil rassemble les stagiaires qui participent à la formation pour éviter une situation contrariante, voire anxiogène (par exemple, s'éloigner de problèmes familiaux, d'une mauvaise ambiance au travail, etc.), ou pour améliorer leur situation financière (rémunération pendant le stage ou promotion pour les salariés d'entreprise), ou encore pour obéir à une injonction! Ce peut être l'employeur qui oblige un salarié à suivre une formation technique (prévue au plan de formation), un juge qui contraint une personne à suivre une formation en insertion (comme alternative à l'emprisonnement) ou un conseiller de l'ANPE qui prescrit une formation à un demandeur d'emploi. Dans le cas où ces stagiaires estiment ne pas avoir librement choisi leur formation, leur engagement effectif pourra rester fragile, voire inexistant. On touche ici certainement un des paradoxes des formations d'insertion socioprofessionnelle...

4. Motivation extrinsèque et vers l'apprentissage

Ce quatrième profil rassemble les stagiaires qui cherchent à acquérir des savoirs, des compétences et des attitudes nécessaires pour exercer un emploi ou un métier, ou ceux qui cherchent à les acquérir pour exercer une activité hors du travail; par exemple, suivre une formation de maçon pour pouvoir construire sa propre maison. Des tensions peuvent apparaître si certains stagiaires estiment que le contenu et/ou les modalités d'enseignement ne sont pas en phase avec les «réalités socio-économiques» et que d'autres pensent que la formation ne répond pas à leurs besoins personnels.

5. Au carrefour des motivations : les motifs identitaires

Ce dernier profil, au carrefour des quatre motivations précédentes, rassemble soit les stagiaires qui recherchent une reconnaissance personnelle (par leurs pairs ou leurs proches notamment) sans espérer un avantage économique, soit ceux qui cherchent à acquérir savoirs, compétences et attitudes pour obtenir un emploi qui nécessite souvent une transformation identitaire forte (par exemple : un commercial qui devient formateur). Les tensions vécues dans ce dernier cas peuvent être éprouvantes car la transformation identitaire professionnelle peut remettre en cause l'identité personnelle. De plus, l'enjeu de cette formation est important : trouver un emploi à la fin du stage. Les stagiaires en insertion professionnelle (comme ceux de l'AFPA[1]) ou en stage d'orientation s'inscrivent le plus souvent dans ce motif.

La formation, un climat influencé par le style du formateur

Le style de leader du formateur et son attitude[2] envers les stagiaires ont une incidence sur le climat du groupe en formation et sur la qualité des relations que chaque stagiaire entretient avec le formateur.

Le style du formateur et son incidence sur le climat de groupe

Dans les années 1930, Lewin et son élève Lippit (Lewin, 1959) conduisent une étude[3] expérimentale dans une colonie de vacances : trois groupes d'enfants sont placés sous la responsabilité de trois moniteurs (en réalité des psychologues) qui interprètent chacun un rôle différent (l'un «autocratique», le deuxième «laisser-faire» et le dernier «démocratique») alors que Lewin et Lippit vont observer les comportements qu'ils induisent chez les enfants.

---

1. Association pour la formation professionnelle des adultes. Cet organisme de formation professionnelle organise essentiellement des formations pour les demandeurs d'emploi.
2. L'attitude désigne un état d'esprit envers quelqu'un qui oriente dans un certain sens toutes les interactions vis-à-vis de la personne en question.
3. En réalité, le protocole de l'expérimentation est plus complexe que celui que je présente.

L'expérimentation de Lewin, Lippit et White[1]

Description du rôle du moniteur	Climat de groupe induit
Autocratique : le leader prend seul les décisions, il choisit les activités et les techniques à utiliser et répartit les tâches. Il prodigue des encouragements ou des critiques personnelles et ne prend pas part aux activités.	Le rôle du moniteur autocratique provoque deux attitudes chez les enfants : – une obéissance «molle» qui permet de résister à l'agressivité (phase d'apathie); – une rébellion collective qui peut entraîner une destruction de matériel. Le style autocratique provoque une accumulation de l'agressivité latente (phase d'apathie) puis une décharge de l'agressivité (le point de rupture est atteint).
Laisser-faire : le leader ne prend aucune initiative et les enfants sont livrés à eux-mêmes. Il ne donne ni consigne ni appréciation. Il ne prend pas part aux activités.	Contrairement à ce que l'on pourrait supposer, le taux d'agressivité est important dans ce groupe. En effet, les participants imaginaient sans doute pouvoir compter sur la collaboration du moniteur. Aussi, estiment-ils être en difficulté par sa faute. L'agressivité dans le groupe est orientée vers les autres membres du groupe et vers le moniteur.

.../...

---

1. Le moniteur White a joué incidemment le style «laisser-faire» pendant l'expérimentation. À l'origine, il devait jouer un rôle démocratique et cette erreur, exploitée par Lewin et Lippit, a enrichi les conclusions de la recherche.

18

.../...

Description du rôle du moniteur	Climat de groupe induit
Démocratique : les décisions sont prises en commun avec le moniteur après une discussion. Il donne les objectifs et indique les points qui peuvent être négociés. La répartition des tâches et la composition des équipes sont libres. Le moniteur prend part aux activités et donne des appréciations centrées sur les comportements à l'aide de critères partagés par le groupe.	Ici, l'agressivité n'est pas nulle mais elle reste faible. En effet, les conditions de vie permettent aux personnes de s'exprimer au fur et à mesure que les frustrations apparaissent. Ce «contrôle» de l'agressivité permet au groupe de disposer de plus d'énergie pour réaliser la tâche qui lui est confiée.

Je reconduis régulièrement une expérimentation de ce type auprès de groupes d'adultes en formation de formateurs et j'obtiens des résultats similaires. On peut donc estimer qu'en stage, quel que soit le style du formateur, des tensions se développent entre les stagiaires et envers le formateur. Toutefois, dans le cas du formateur au style démocratique, l'agressivité est moins forte car son attitude permet des régulations plus fréquentes. En formation, des régulations psychoaffectives seront donc toujours nécessaires. C'est-à-dire des temps d'échanges en groupe, centrés sur les relations interpersonnelles, où le formateur aide à l'élucidation des sentiments des uns envers les autres. Le formateur est lui-même impliqué, ce qui peut rendre sa tâche délicate. Pour que ce temps de régulation soit constructif, il doit se maintenir à la «bonne» distance psychologique, c'est-à-dire être en capacité de repérer ce qui se joue dans le groupe et décider si c'est le moment ou non de l'élucider…

Quelle est la «bonne» attitude d'un formateur vis-à-vis des stagiaires?

En complément de l'étude de Lewin, on peut signaler que l'attitude de non-directivité développée par Rogers constitue une attitude facilitante dans l'animation des groupes en formation. Le formateur non directif sur le fond (le contenu de la communication) s'attache à faciliter l'expression des communications entre les stagiaires du groupe et en favoriser l'évolution (en ce sens, il est directif sur la forme de la communication). Il accueille sans réserve ce que les stagiaires lui disent. Cependant, il faut que cette attitude soit authentique. Seule une véritable implication du formateur ressentie par les stagiaires comme une aide les amènera à prendre confiance dans ce dernier. Dans le cas contraire, style démocratique et attitude non directive seront certainement perçus comme des attitudes de manipulation.

La véritable formation est par nature conflictuelle

Qu'est-ce qu'apprendre? Pourquoi est-il plus facile de se former en groupe?

Apprendre, c'est accommoder (référence à Piaget)

Piaget distingue «l'assimilation» de «l'accommodation». Il y a assimilation lorsque des informations présentées à un stagiaire produisent, au mieux, un complément d'information. Le stagiaire peut facilement les «digérer». On ne peut pourtant pas encore parler d'apprentissage.

▶ *Il y a apprentissage quand des informations ne peuvent pas être assimilées dans l'état actuel des connaissances du stagiaire. Ces informations sont encore «indigestes». Il y a ainsi un conflit cognitif entre les connaissances actuelles du stagiaire et les informations qui lui sont présentées par le formateur.*

Pour dépasser ce conflit, le stagiaire va devoir accommoder, c'est-à-dire apprendre à digérer les informations et leur trouver une place cohérente dans l'ensemble des connaissances qu'il a acquises auparavant, quitte à en rejeter certaines. Piaget parle alors d'«équilibration majorante» pour en souligner le coût cognitif.

Le conflit cognitif est donc préalable à l'apprentissage car il produit une contradiction entre un ensemble de connaissances stabilisées et de nouvelles informations présentées par le formateur. C'est lors du dépassement de ce type de conflit qu'il y a apprentissage. En somme, les formateurs devraient toujours se poser cette question : comment provoquer un conflit cognitif chez les stagiaires pour qu'ils soient à même d'apprendre?

ZPD et conflit cognitif

Pour Vygotski (Schneuwly et Bonckart, 1985), la zone proximale de développement (ZPD) représente la différence entre ce que le stagiaire peut faire seul et ce qu'il peut faire en étant aidé du formateur. Pour déclencher un conflit cognitif, le formateur doit être capable de proposer une activité que le stagiaire va pouvoir «tout juste surmonter» avec un minimum d'aide du formateur (ou de quelqu'un d'autre). Le problème est qu'il est difficile de déterminer cette activité *a priori*. Dans la pratique, le formateur va se montrer vigilant lors des interactions avec le stagiaire pour espérer ajuster au mieux les contenus, le calendrier de la formation, les ressources à préparer… Je reviendrai sur cette question en deuxième partie de l'ouvrage en évoquant la pratique du feed-back lors de l'évaluation formative.

Le groupe est une des solutions (référence à Lewin)

Les discussions dans un groupe permettent de produire le conflit cognitif nécessaire à l'apprentissage. Lewin, en 1943, a mené une recherche-action : on lui avait demandé de modifier les habitudes alimentaires des Américains et de les inciter à consommer les bas morceaux de viande

21

qui jusque-là provoquaient l'aversion des consommateurs (due à l'odeur, l'apparence, la consistance…). Pour ce faire, il avait parié que les gens apprendraient de nouvelles manières de cuisiner pour consommer les abats. Sous la direction des chercheurs, six groupes d'une quinzaine de ménagères ont été constitués avec deux méthodes différentes conduites pendant 45 minutes par Lewin et son équipe sur l'une ou l'autre moitié des groupes.

La première méthode consistait à ce qu'une ménagère experte expose au groupe l'utilité de consommer les bas morceaux (effort de guerre et avantages diététiques) en donnant entre autres, lors de l'exposé, des conseils pour éviter l'odeur (une des aversions). Cette méthode a produit un changement des habitudes alimentaires chez seulement 3 % des participants. La seconde méthode consistait, après un bref exposé sur l'avantage de consommer les bas morceaux (effort de guerre et avantages diététiques), à provoquer et encourager des discussions entre les ménagères. Pendant les discussions, lorsque des préjugés émergeaient et bloquaient le changement, un expert intervenait pour apporter une solution de même nature que lors de la première méthode : conseils pour éviter l'odeur par exemple. Cette méthode a produit un changement des habitudes alimentaires chez 32 % des participants.

De cette expérience, Lewin conclut qu'il est plus facile de modifier les habitudes d'individus «formés» en groupe (dans la seconde méthode les individus interagissent) que d'individus pris séparément (dans la première méthode, bien que les individus soient dans la même salle, il n'y a pas d'interactions). En effet, les discussions dans un groupe provoquent du conflit cognitif et du conflit sociocognitif : les individus perçoivent que les autres ne pensent pas forcément comme eux si l'animateur les invite à en discuter. Or, pour Lewin, un groupe s'efforce toujours de maintenir une cohésion par la recherche d'un consensus (une norme de groupe). Pour cela, convictions, certitudes, représentations et savoirs erronés à l'origine du conflit sociocognitif devront nécessairement se modifier… si l'ambiance du groupe est favorable.

Pourquoi faut-il maintenir une bonne ambiance de groupe ?

De Paolis (Doise et Mugny, 1981) a étudié des situations où le sujet n'a pas appris (aucune accommodation) à l'issue d'un conflit sociocognitif lorsque la relation affective a été malmenée. Ce chercheur a constaté que pour ne pas sacrifier la relation, le sujet semble adopter un autre point de vue (comme s'il y avait accommodation) mais ce n'est qu'un changement de « complaisance ».

Une bonne ambiance de groupe, où convivialité, solidarité et respect des différences de chacun règnent, favorise l'apprentissage.

La dissonance cognitive ou comment « contourner » le conflit sociocognitif sans apprendre ?
(référence à La Fontaine et à Festinger)

« Certain Renard gascon, d'autres disent normand,

Mourant presque de faim, vit au haut d'une treille

Des raisins mûrs apparemment *[dont on ne peut douter]*

Et couverts d'une peau vermeille.

Le galant *[un homme habile, adroit…]* en eût fait volontiers un repas ;

Mais comme il n'y pouvait atteindre :

« Ils sont trop verts, dit-il, et bons pour des goujats *[valets de soldats].* »

Fit-il *[Ne fit-il]* pas mieux que de se plaindre ? »[1]

Comme le signale Castra (2003), La Fontaine montre dans cette courte fable une des caractéristiques de la psychologie humaine que Festinger a nommé « réduction de la dissonance cognitive ». Lorsqu'une personne

---

1. J. La Fontaine, notes de Darmon J.-C. et Gruffat S., *Fables*, Paris, Librairie Générale Française, 2002, p. 124.

vit une dissonance cognitive, c'est-à-dire un état psychologique désagréable qui pousse à agir, comme la faim pousse à chercher de la nourriture, elle cherche à la réduire. Ce type de dissonance peut apparaître à l'issue d'un conflit sociocognitif. En outre, plus la dissonance cognitive est forte, plus le sujet ressent la nécessité de la réduire. Les cognitions à l'origine de la dissonance peuvent être des informations, des connaissances ou des croyances sur soi ou sur l'environnement.

Deux cognitions sont consonantes lorsque l'une implique psychologiquement l'autre. Deux cognitions sont dissonantes lorsque la seconde cognition est opposée à ce qu'elle devrait être; elles se contredisent (Beauvois, 1999).

Pour repérer le caractère consonant ou dissonant d'une cognition, il faut prendre la cognition génératrice comme point de départ.

Revenons au renard de La Fontaine :

- la cognition génératrice est : le renard a faim et voit des raisins mûrs;
- la dissonance cognitive est : il ne peut pas les atteindre.

Cette dissonance cognitive génère un malaise chez le renard. Pour la réduire, il va modifier un des éléments de la cognition génératrice : se «raconter» que les raisins ne sont pas mûrs. Il aurait pu aussi modifier une ou plusieurs croyances ou comportements impliqués dans la dissonance et «changer». Par exemple, en «doutant» de ses capacités à atteindre les raisins, ce qui l'aurait poussé à chercher un moyen de les atteindre : monter sur une échelle ou collaborer avec quelqu'un. Or, le renard n'a rien appris de la dissonance cognitive. Motivé, il ne s'est pourtant pas engagé. Comme le renard de la fable, des stagiaires peuvent vivre lors de conflits sociocognitifs des dissonances cognitives qu'ils peuvent réduire sans apprendre. Ils résistent alors.

Pourquoi, alors qu'un stagiaire semble motivé, ne s'engage-t-il pas à changer?

À l'aide des caractères établis par Kiesler (Joule et Beauvois, 2007) sur les circonstances dans lesquelles une personne est engagée, on peut comprendre comment passer d'une motivation (l'idée de...) à l'engagement (l'acte). Au regard de certains de ces caractères, le renard aurait pu s'engager : manger des raisins aurait calmé sa faim (*caractère de l'importance de l'acte pour le sujet*). Cependant, malgré la présence de ce caractère, le renard n'est pas passé à l'acte. La Fontaine aurait pu en rajouter d'autres pour l'inciter à agir. En ajoutant des personnages pour que le renard déclare devant témoins ce qu'il comptait faire pour calmer sa faim (*caractère de déclaration publique de l'acte*) et en donnant la parole aux compères du renard telle que : «Tu sais Renard, c'est à toi de voir si ces raisins sont pour toi, fais ce que tu voudras» (*caractère du sentiment de liberté par rapport à l'acte*), il aurait peut-être appris à monter sur une échelle...

Ces facteurs qui engagent à l'action sont d'une importance capitale en formation à condition de ne pas les utiliser pour manipuler les personnes. Le caractère essentiel est celui de libre choix. Dans une formation d'accompagnement au projet par exemple, il vaut toujours mieux offrir à une personne un choix de filières afin qu'elle se détermine plutôt que de lui en «prescrire» une... Cela me semble être un bon principe pédagogique, même si des commanditaires peuvent insister pour «remplir» certains stages déficitaires.

Le conflit comme résistance au changement

Apprendre c'est changer et cela ne va pas forcément de soi. En entrant en formation, certains stagiaires qui ne possédaient pas de métier en sortiront, 3 ou 11 mois plus tard, professionnellement opérationnels et transformés. Ce changement, souvent majeur, nécessite presque toujours un accompagnement tellement le processus est délicat.

**Bateson a identifié deux niveaux de changement
(Marc et Picard, 1984; Kourilsky-Belliard, 1999)**

Le changement de niveau 1 comporte trois types d'apprentissage :
- Un apprentissage «réflexe» : un même stimulus provoque une même réponse. Comme, par exemple, retirer sa main d'une source de chaleur trop forte.
- Un apprentissage qui correspond au conditionnement répondant du chien de Pavlov : le chien a appris à saliver lorsqu'une sonnette retentit (auparavant, on lui a présenté une boule de nourriture en l'associant au bruit de la sonnette). La réponse du chien reste stable si les conditions de stimulation (le contexte) ne varient pas.
- Un transfert du même apprentissage à d'autres contextes. C'est un processus de généralisation. Par exemple, si l'on a appris à conduire une voiture en France, on pourra en conduire une en Angleterre.

Ces apprentissages provoquent des changements dits de premier niveau parce qu'ils sont compatibles avec les apprentissages antérieurs (prémisses) et les confirment. En se référant au modèle de Piaget, on peut dire qu'ils ne provoquent qu'assimilation.

Le changement de niveau 2 représente un apprentissage qui consiste à modifier les prémisses (apprentissages antérieurs, valeurs, croyances...) qui ont gouverné les apprentissages précédents pour générer des comportements nouveaux plus adéquats, conception un peu plus large que celle d'accommodation de Piaget principalement centrée sur des cognitions logicomathématiques.

Michard et Yatchinovsky (1995) ont transposé la modélisation du travail de deuil de Kübler-Ross (1985) à la formation. Ce point de vue semble légitime si l'on considère que se former c'est aussi faire le deuil de certaines idées (ou représentations), de valeurs, de croyances ou de certains comportements, en somme de vivre un changement.

Voyons ce processus de changement qui nous conduira à comprendre ce qu'est la résistance au changement et en quoi elle peut générer des conflits. Sept stades jalonnent ce processus.

- Le **premier stade** est celui du choc et de la surprise du changement. En formation, cette prise de conscience peut survenir après une évaluation et/ou une remarque du formateur.

- Le **deuxième stade** est celui de la dénégation du changement. En formation, le stagiaire ne tient pas compte de la remarque du formateur.

- Le **troisième stade**, *« c'est la chute, la descente, on ressent de la haine et de la frustration. On a souvent tendance à blâmer tout le monde. On n'accepte toujours pas le changement et l'on se demande ce qui nous arrive »*[1]. C'est lors de l'apparition de ce stade que le conflit peut être déclenché. Nous reviendrons plus loin sur ce point.

- Le **quatrième stade** est une phase de dépression et d'apathie ; le stagiaire baisse les bras, démissionne, peut quitter la formation. C'est ici que le formateur doit être le plus présent.

- Lors du **cinquième stade** on se décide à tenter des expériences. Après tout, rien ne peut être pire que le stade précédent et une alliance avec le formateur peut se nouer, garante de l'engagement du stagiaire dans le changement.

- Enfin, au **sixième stade** *« on commence à entrevoir ce qui marche et ce qui ne marche pas. On commence à accepter le changement et l'on devient plus optimiste »*[2]. Le sentiment de compétence émerge et produit de la motivation.

- Le dernier stade, **le septième**, est celui de l'intégration du changement.

Zoom sur le troisième stade

Schématiquement, on peut dire que pour éviter le changement, le stagiaire va freiner, va résister. En formation par exemple, face à une situa-

---

1. P. Michard et A. Yatchinovsky, *Histoire de vie*, ESF, 1995, p. 67.
2. *Ibid.*

tion obstacle qu'il considère comme insurmontable (ou qui l'obligerait à changer de point de vue ou de comportement), le stagiaire peut tenter de dépasser cet obstacle en opposant une résistance au changement.

Selon les personnalités, cette résistance va s'organiser différemment (Mouillet et Colin, 1997). Le stagiaire peut être *passif* ou *actif,* et *négatif* ou *complaisant.* Avec cette typologie (Paugam, 1993), on obtient quatre cas de figure :

- Le stagiaire est **actif et négatif.** L'attitude du stagiaire est agressive envers le formateur. Il peut remettre en cause son statut, voire sa compétence à l'évaluer.

- Le stagiaire est **passif et négatif.** Son attitude est de faire «le gros dos». Passer inaperçu dans le groupe, se faire oublier du formateur, devient l'objectif. Il a un comportement «fuyant».

- Le stagiaire est **actif et complaisant.** La séduction et/ou la manipulation sont présentes. Le stagiaire sait ce qui est attendu par le formateur et il le fait pour être «tranquille».

- Le stagiaire est **passif et complaisant.** Il cherche l'accord du formateur, il conforte sa position «haute» en se mettant en situation de dépendance mais rien ne change en réalité.

Cette résistance au changement va avoir une incidence négative sur l'apprentissage (puisque le processus de changement est bloqué) et sur la relation avec le formateur. Le formateur se rendra bientôt compte de cette résistance qui deviendra un obstacle à la formation.

EN SYNTHÈSE

Sans le caractériser encore précisément, nous avons énuméré des causes potentielles du conflit en formation :

- le manque de réciprocité et la rareté des échanges : la ressource formation est limitée (en temps, en contenu, en réponses...);
- les différences d'attentes de rôles entre les stagiaires et le formateur;
- la possibilité pour le stagiaire de se soustraire à «l'autorité» du formateur en utilisant ses ressources de pouvoir;
- l'hétérogénéité des motivations des stagiaires qui ne correspondront pas forcément au contenu et aux modalités pédagogiques de la formation;
- le style et l'attitude du formateur;
- la nature même du stage : être confronté à des conflits cognitifs et sociocognitifs.

Le conflit est bien potentiellement au cœur du métier de formateur. Il doit même être provoqué intentionnellement pour que les stagiaires apprennent. Cependant, comme nous l'avons vu, cela ne va pas toujours de soi et nous avons terminé notre énumération par «la résistance au changement». En effet, si l'on considère que l'apprentissage peut être dans certains cas un changement impliquant, il est légitime de considérer une phase de résistance au changement dans le processus de formation. Lors de cette phase, nous avons bien perçu que des mécanismes psychologiques particuliers sont à l'œuvre. C'est à partir de ce constat que nous allons définir et caractériser le conflit en formation.

2
Définir le conflit et le repérer

Je souhaite maintenant partager avec vous les éléments qui permettront de supposer qu'un conflit d'origine psychologique s'installe dans une formation (à partir de maintenant j'utiliserai simplement le terme de «conflit en formation»). Aussi, je vous propose d'abord de le clarifier et de donner les indicateurs qui permettent de le repérer. Qu'appelle-t-on conflit en formation? Quels en sont les indicateurs? Comment peuvent-ils se manifester et devenir contagieux?

Caractériser le conflit

▶ *Définissons le conflit en formation comme le «blocage des mécanismes normaux de la prise de décision de sorte qu'un individu ou un groupe a des difficultés pour opérer le choix de son action»[1].*

À partir de cette définition succincte, on peut comprendre que lorsque des personnes sont confrontées à des problèmes nécessitant une prise de décision, et nous avons vu que c'est souvent le cas en formation, elles sont potentiellement plus exposées au conflit que les autres. Cette situation peut s'illustrer ainsi : pendant le déroulement d'un stage, les

---

1. J.-G.March et H. Simon *in* R. Choiselle et P-L. Esparre, *Psychologie sociale des entreprises*, Sirey, 1970, p. 72. Les auteurs utilisent cette définition pour le conflit dans les «systèmes organisationnels».

participants ont à prendre des décisions individuelles (pour résoudre des exercices ou des études de cas par exemple, qui vont générer des conflits cognitifs) ou de groupe (parce que quelquefois résoudre un problème nécessite l'adhésion de plusieurs, ce qui n'est pas toujours simple du fait des différences de points de vue). Il existe donc des risques potentiels[1] de blocage de la prise de décision.

À partir de cette définition, on peut repérer différentes formes de conflits. Je partirai de l'examen du conflit individuel[2], puis je montrerai sa transformation en conflit interindividuel entre un stagiaire et son formateur et/ou entre des stagiaires dans un groupe. La seconde partie de l'ouvrage propose des outils qui permettent de gérer ce type de conflit.

Les conflits individuels

Voyons d'abord la frustration. Prenons l'exemple d'une personne qui désire posséder une chose. Pendant sa quête, elle trouve sur son chemin un obstacle. Alors qu'elle progressait vers son objectif, elle va devoir prendre une décision pour dépasser cet obstacle. Si cette prise de décision pose problème, le conflit apparaît.

En formation, les obstacles ont une vertu pédagogique : permettre au stagiaire de prendre conscience de ses lacunes afin d'assimiler de nouvelles compétences. On ne peut pas apprendre ce que l'on croit déjà

---

1. J'exposerai plus loin les risques de blocage de la prise de décision pour le formateur et comment cela peut «faire système».
2. Les psychologues différencient les formes de conflits. Ils qualifient de «conflit individuel» le conflit qui a pour cause la difficulté de décision d'un individu, et de «conflit organisationnel» la difficulté de prise de décision concernant un groupe. Enfin, lorsque le conflit porte sur la difficulté de prise de décision entre plusieurs groupes, il est appelé conflit «interorganisationnel».
Je ne développerai pas les conflits générés par des troubles de la personnalité. Cependant, vous pouvez consulter la démarche 6 en seconde partie intitulée «Communiquer en situation conflictuelle».

savoir. Comme l'a démontré Piaget, c'est parce qu'un apprenant vit un conflit cognitif qu'il va tenter de le résoudre en accueillant de nouvelles connaissances qui vont elles-mêmes provoquer une rééquilibration dite majorante[1]. Or, avant l'apparition de cette rééquilibration, le stagiaire prend d'abord conscience de son «incompétence»; l'obstacle lui montre qu'il ne sait pas faire. Il peut alors éprouver de la difficulté pour prendre (connaître) la bonne décision qui lui permettra de passer l'obstacle avec succès. C'est le premier type de conflit.

Il existe des situations où la prise de décision est encore plus complexe : l'obstacle peut devenir le choix entre deux situations, sachant qu'en posséder un, c'est faire le deuil de l'autre. Comme dit l'adage populaire : «On ne peut pas avoir le beurre et l'argent du beurre.» Si le stagiaire est dans l'impossibilité de choisir, il vit un conflit. Cela peut se complexifier encore lorsque deux types de décisions existent : *«aller vers»* ou *«s'éloigner de»*. En formation, par exemple, des stagiaires peuvent avoir décidé de suivre une formation pour acquérir une qualification («aller vers»), et d'autres peuvent avoir fait le choix de s'éloigner de leur ancien métier.

Nous avons vu un premier type de conflit lié à la difficulté de contourner (ou résoudre) un obstacle. En croisant «la difficulté à choisir une situation ou une autre» et l'orientation «aller vers» ou «s'éloigner de», on obtient[2] trois cas :

1. La personne a une difficulté de choix entre deux «aller vers». Un stagiaire peut vivre un conflit entre «aller vers» le métier d'électricien

---

1. J'ai déjà évoqué le principe d'accommodation.
2. Lewin a proposé un modèle pour comprendre les conflits à partir de la notion de valence (valeur que représente telle ou telle récompense pour l'individu) et de sa théorie du champ de force. Il distingue trois cas : *«La personne peut être située entre deux valences positives (aller en pique-nique ou aller jouer avec des camarades); entre deux valences négatives (faire une tâche désagréable ou être punie); une valence positive et une valence négative peuvent se manifester dans la même direction (faire une tâche désagréable et obtenir une récompense).»* (Reuchlin, 1977, p. 314.)

ou vers celui de menuisier. C'est le deuxième type de conflit. En aidant cette personne à mieux se connaître et en lui permettant d'identifier des critères liés à ces deux métiers, elle peut prendre une décision et ainsi sortir du conflit.

2. La personne a une difficulté de choix entre «aller vers» et «s'éloigner de». C'est le troisième type de conflit. Une manière de traiter ce problème est de faire le bilan des pertes et des gains dans chaque situation. En somme, il s'agit souvent d'évaluer «le prix du déménagement» pour passer d'une situation à une autre ou pour ne rien changer. Ce «prix du déménagement» permet d'ajouter un critère qui peut faire pencher la balance d'un côté ou de l'autre. Par exemple, un stagiaire qui est aussi un parent va s'investir dans une formation («aller vers») alors qu'il n'avait pas mesuré les sacrifices pour sa vie de famille («s'éloigner de»). Le «coût» de cette formation, qu'il avait peut-être sous-estimé, ne va-t-il pas se révéler trop élevé?

3. La personne a une difficulté de choix car elle doit prendre une décision entre un «s'éloigner de» et un autre «s'éloigner de». Or, dans ce cas, faire un choix, c'est se rapprocher de quelque chose que l'on ne désire pas. On rencontre parfois des stagiaires qui ont choisi une formation professionnelle pour s'éloigner de difficultés financières et qui s'éloignent d'un projet professionnel plus authentique. Une fois réglés (temporairement) les soucis financiers, ils prennent conscience qu'ils vont vers un projet indésirable, ce qui ne manque pas de créer un conflit. C'est le quatrième et dernier type de conflit.

Nous avons caractérisé quatre types de conflits. On peut, à l'aide de cette typologie, tenter d'appliquer des remèdes pour désactiver ces processus. Ainsi, pour un conflit de type 1, le formateur va apporter des connaissances au stagiaire afin qu'il puisse trouver une solution pour résoudre l'obstacle. Cependant, il se peut aussi que le formateur ne parvienne pas à désamorcer le conflit et qu'il tourne en rond. Que se passe-t-il alors?

Les conflits interindividuels

Si le stagiaire en conflit individuel ne réussit pas à décider de l'attitude à adopter face à la demande de changement de ses collègues ou de l'organisation ou de ses représentants (les formateurs), il va tenter inconsciemment de réduire cette tension en activant des mécanismes de défense. L'activation de ces mécanismes peut étendre le conflit. Stagiaires-collègues et formateur risquent d'être impliqués dans le processus. Comment ?

Les mécanismes de défense activés par le stagiaire peuvent constituer un frein aux apprentissages. Si les remédiations pédagogiques du formateur s'avèrent inefficaces, et il y a bien des chances qu'elles le soient, les difficultés d'apprentissage du stagiaire peuvent devenir un obstacle pour le formateur. Et cet obstacle nous ramène à notre première définition du conflit : *« Blocage des mécanismes normaux de la prise de décision de sorte qu'un individu a des difficultés pour opérer le choix de son action. »* Le formateur peut alors consacrer beaucoup de temps et d'énergie pour aider ce stagiaire. Or, en consacrant du temps pour ce stagiaire, il raréfie le temps pour les autres qui ont aussi des besoins. S'ils estiment que le formateur consacre trop de temps à l'un d'eux à leur détriment, ils pourront mobiliser leurs ressources afin de réorienter l'attention du formateur.

Si le formateur n'arrive pas à dépasser l'obstacle par une décision adaptée qui nécessitera certainement un changement de sa part, il sera lui aussi soumis à son tour à des mécanismes de défense. Mais qu'appelle-t-on précisément un mécanisme de défense ? Pour comprendre ce concept, il faut s'appuyer sur le modèle développé par la psychanalyse. Nous verrons que ces mécanismes de défense peuvent être des indicateurs du conflit.

Des indicateurs du conflit

Si l'on considère la formation comme un processus de changement, et si, comme nous l'avons défini précédemment, le conflit est bien le blocage des mécanismes normaux de prise de décision pour opérer un choix d'action, alors la résistance au changement peut constituer un indicateur fiable.

Il y a différentes interprétations possibles de la résistance au changement. Pour les cognitivistes par exemple, la résistance au changement s'apparente à la réduction des dissonances cognitives. En ce qui nous concerne, pour repérer des indicateurs du conflit en formation, c'est le modèle de la psychanalyse décrivant les mécanismes de défense qui m'a toujours semblé le plus pertinent.

Le Ça, le Moi et le Surmoi

Pour Freud, le comportement est le résultat d'un travail psychique. Il imagine un modèle du fonctionnement psychique : le Ça, le Moi et le Surmoi.

> ▶ Le Ça, archaïque, est le lieu où la pulsion de plaisir est maîtresse. Les tout-petits sont totalement gouvernés par le Ça. C'est le lieu principal de l'inconscient.
> En partie conscient, le Moi, dérivé du Ça, est le siège de la raison et de l'action volontaire. Cependant, l'action peut aussi être sollicitée par le Ça. Mais, comme il n'est pas possible (souhaitable) que le Moi réponde à toutes les exigences du Ça, il existe une instance supérieure qui «surveille» le Moi : le Surmoi.
> Le Surmoi, un autre niveau du Moi en partie inconscient, est le garant des règles introjectées[1] de différents éducateurs qui concourt à la réalisation d'une image idéale de soi.

On peut schématiquement imaginer un Moi «pris en otage» entre un Ça «bouillonnant de pulsions» et sollicitant le Moi, et un Surmoi «contrôlant et gendarmant ses actions». Cette prise en otage peut inhi-

---

1. L'introjection est en rapport étroit avec l'identification (processus psychologique par lequel un sujet assimile une propriété d'un autre sujet).

ber la prise de décision, conduire la personne en situation de conflit à déclencher des mécanismes de défense.

Reprenons l'exemple que nous avions imaginé pour illustrer un conflit de type 3 : un stagiaire ne sait plus s'il doit s'investir dans la formation au prix d'un éloignement de sa vie familiale. Le stagiaire vit une difficulté de choix entre un «aller vers» et un «s'éloigner de» *(cf. supra «Les conflits individuels»)*. Le principe de plaisir peut être de se réaliser dans un métier qu'il aime alors que le Surmoi rappelle le Moi à l'ordre en lui disant : «Tu dois être un bon parent…» Comme la décision qui conduit à l'action tarde à venir, l'énergie psychique s'accumule jusqu'à déborder. Des mécanismes vont canaliser cette énergie pour «défendre» le Moi.

Le Moi et les mécanismes de défense

En se référant à l'ouvrage d'Anna Freud *Le Moi et les Mécanismes de défense*, on peut dire que la problématique humaine est de réguler, d'une part, les pulsions émanant du Ça et, d'autre part, les informations extérieures à soi et censurées par le Surmoi.

Ces informations extérieures, qui menacent une certaine image idéale de soi, peuvent déclencher des mécanismes de défense. En effet, le Moi, *«accueillant avec empressement l'affect agréable […], se défend contre l'affect pénible»*[1]. Plus loin elle rajoute : *«L'enfant doit apprendre à supporter, sans recourir immédiatement à la protection des systèmes de défense, des quantités toujours croissantes de déplaisir.»*[2] En somme, les mécanismes de défense sont déclenchés par des éléments internes (des pulsions réprimandées par le Surmoi et venant du Ça) et/ou des éléments externes : «des excitations désagréables.» Aussi, la définition de Braconnier semble-t-elle la plus adaptée : *«La notion de mécanisme de défense englobe tous les moyens utilisés par le Moi pour maîtriser, contrôler, canali-*

---

1. A. Freud, *Le Moi et les Mécanismes de défense*, PUF, 1985, p. 59.
2. *Ibid.*, p. 61.

ser les dangers internes et externes. »[1] Ces dangers, réels ou imaginaires, vont provoquer de l'anxiété. L'anxiété est un « *sentiment de peur prémonitoire d'un danger imminent et indéfinissable, mais ayant un objet* »[2].

Face à cette anxiété, le sujet devrait prendre une décision. Cependant, incapable de le faire, il vit un conflit. Alors, face à cette situation difficilement tenable, le Moi déclenche une réaction : l'activation de mécanismes de défense qui visent le retour à l'équilibre précédent du système.

On considérera en formation ce mécanisme comme normal (et non comme pathologique). Il existe en psychanalyse une classification d'une vingtaine de mécanismes de défense. En m'appuyant sur ma pratique, je constate que seul un nombre plus restreint présente un intérêt pour la formation.

Une typologie des mécanismes de défense pour la formation

Dans une formation de type « adaptation au monde du travail » proposée en direction de personnes qui souvent en sont exclues, les situations peuvent provoquer de l'anxiété, déclenchée notamment lorsque les stagiaires ont à se remettre en cause pour acquérir une nouvelle identité professionnelle.

Certains auront des difficultés à prendre une décision de changement, décision qui ne va pas de soi. Pour réduire cette anxiété provoquée par le changement (en rapport direct ou non avec la formation), ces stagiaires peuvent alors développer différents mécanismes de défense inconscients.

Cette attitude de résistance au changement est normale. C'est seulement dans le cas où ces mécanismes de défense perturbent l'apprentissage et l'acquisition de compétences qu'ils deviennent problématiques en formation.

---

1. A. Braconnier *in* S. Ionescu et *al.*, *Les Mécanismes de défense*, Nathan, 2001, p. 24.
2. M. Dethy, *Introduction à la psychanalyse de Freud*, Chronique Sociale, 1996, p. 129.

J'ai retenu cinq mécanismes de défense comme indicateurs du conflit en formation :

- La **rationalisation** : *« Justification logique, mais artificielle, qui camoufle, à l'insu de celui qui l'utilise, les vrais motifs (irrationnels et inconscients) de certains de ses jugements, de ses conduites, de ses sentiments, car ces motifs véritables ne pourraient être reconnus sans anxiété. »*[1] Un stagiaire utilise des justifications qui semblent apparemment très logiques. Il n'a pas pu réaliser tel ou tel travail car on ne lui avait pas mis à disposition tout le matériel nécessaire. D'ailleurs, les autres membres du groupe ont eux aussi des difficultés de ce genre... Ce mécanisme de défense sert à masquer les freins réels, un manque d'assurance par exemple.

- La **projection** : *« Opération par laquelle le sujet expulse dans le monde extérieur des pensées, affects, désirs qu'il méconnaît ou refuse en lui et qu'il attribue à d'autres, personnes ou choses de son environnement. »*[2] Un stagiaire peut attribuer au formateur ses propres sentiments ou motivations parce qu'ils lui sont inacceptables. Un stagiaire ne fait pas confiance au formateur et il explique à ses collègues que le formateur ne lui fait pas confiance. Les événements qui ponctueront la formation en seront autant de preuves.

- Le **déplacement** : *« Fait que l'accent, l'intérêt, l'intensité d'une représentation est susceptible de se détacher d'elle pour passer à d'autres représentations originellement peu intenses, reliées à la première par une chaîne associative. »*[3] Autrement dit, il s'agit du transfert d'un sentiment éprouvé pour une personne ou pour un objet vers un « objet » moins menaçant. Ce mécanisme se produit lorsque l'on ne parvient pas à exprimer ouvertement ce sentiment. Il me semble que le matériel cassé dans un centre de formation est l'expression de ce transfert

---

1. *Ibid.*, p. 234.
2. *Ibid.*, p. 228.
3. *Ibid.*, p. 39.

vers des objets moins menaçants. Qui est visé dans cet acte : la direction du centre, le formateur?

- Le **refoulement** : *«Rejet dans l'inconscient de représentations conflictuelles qui demeurent actives, tout en étant inaccessibles à la prise de conscience.»*[1] En somme, il s'agit de maintenir des idées anxiogènes hors du champ de la conscience telles que des désirs, des souvenirs douloureux ou un événement à venir que la personne redoute et oublie. On peut trouver de tels cas en formation : un stagiaire oublie un rendez-vous important avec un employeur potentiel. En examinant avec lui son attitude d'oubli, il peut apparaître qu'il doutait d'être à la hauteur des exigences du poste.

- La **compensation** : *«Tentative inconsciente de trouver des substituts à des pertes ou à des inadéquations réelles ou imaginaires. La mise en marche de ce mécanisme implique une exagération des aspects positifs de la personne.»*[2] La personne qui se sent faible (ce peut être réel ou non) dans un domaine cherche à se surpasser dans un autre domaine. En formation, un stagiaire peut investir plus particulièrement un domaine (passer beaucoup de temps sur l'étude de la bureautique par exemple), ce qui ne lui laissera plus suffisamment de temps pour s'entraîner sur ses points faibles (les compétences relationnelles par exemple); cela risquant de lui nuire. De plus, ces stagiaires, alors qu'ils obtiennent de mauvais résultats, refusent de se remettre en cause en expliquant qu'après la formation, même s'ils n'ont pas le diplôme, ils obtiendront un poste sans difficulté. Or, on sait l'importance de la qualification pour l'insertion professionnelle...

Le conflit en formation est l'expression d'une frustration face à laquelle le stagiaire ne trouve pas de solution, si ce n'est de déclencher inconsciemment des mécanismes de défense, ce qui va freiner l'acquisition des compétences et qui sera donc perceptible par le formateur. Ces

---

1. S. Ionescu et *al., op. cit.,* p. 239.
2. *Ibid.,* p. 38.

cinq mécanismes de défense du Moi peuvent servir d'indicateurs du conflit en formation.

Ces conflits sont-ils une exception en formation? C'est, entre autres, ce que nous allons voir maintenant.

Petite enquête auprès de collègues formateurs

Le conflit, tel que je l'ai caractérisé avec ces indicateurs, m'a permis de questionner quelques collègues formateurs pour évaluer sa fréquence en formation de longue durée.

Nous avons vu auparavant que le Moi se défend contre des excitations externes désagréables. En formation, des situations d'apprentissage ou d'évaluation peuvent être vécues comme telles et un conflit entre le stagiaire et le formateur peut naître. On peut alors considérer les cinq mécanismes de défense définis précédemment comme des indicateurs du conflit. Les excitations externes négatives seront évacuées par ces mécanismes car elles risquent d'altérer «l'image de soi» du stagiaire.

Appelons «image de soi» d'un stagiaire en formation, la représentation qu'il se fait de ses compétences. Cette représentation va se construire au cours de la formation. D'abord incompétent dans le métier, il acquiert des savoirs et des savoir-faire qui vont lui permettre de construire peu à peu son «image de soi» professionnelle et/ou de stagiaire. La variable «conflit» sera évaluée à partir de la perception, par les formateurs, de mécanismes de défense.

J'ai fait une petite enquête dans un organisme de formation auprès de deux formations tertiaires. Ces deux formations ont chacune deux formateurs référents, ce qui présente une certaine garantie pour valider la perception ou non des mécanismes de défense des stagiaires. La population est constituée de 35 stagiaires entrés en formation depuis environ deux mois dans une formation qualifiante de 11 mois environ. J'ai d'abord mené un entretien avec les deux équipes de formateurs afin de recueillir leurs perceptions des mécanismes de défense développés par leurs stagiaires. Pour cela, je leur ai d'abord présenté la typologie des mécanismes de défense illustrée d'exemples, puis je les ai invités à positionner chacun de leurs stagiaires.

Pour affirmer qu'un stagiaire développe bien un mécanisme de défense et vit donc un conflit, j'ai tenu à ce que les deux formateurs référents soient d'accord sur la perception d'un ou de plusieurs mécanismes de défense. L'accord des deux formateurs est indispensable pour tenter d'évacuer les phénomènes de «résonance» psychologique.

Stagiaires perçus en conflit	18	51 %
Stagiaires perçus sans conflit	17	49 %
Total	35	100 %

On peut remarquer dans ce tableau qu'il y a autant de stagiaires en conflit (perçus comme tels par les formateurs à partir des mécanismes de défense) que de stagiaires sans conflit. Il semble donc que le conflit en formation ne soit pas quelque chose de marginal, et cela renforce la nécessité de s'y intéresser. On pourrait aussi souligner son importance par le nombre croissant de stages «de gestion des conflits» proposés aux formateurs.

EN SYNTHÈSE

Après avoir fait état des différentes causes du conflit, nous avons retenu le conflit individuel d'origine psychologique. Ce conflit peut se transformer en un conflit interindividuel entre le formateur et le stagiaire. En effet, le formateur utilise des situations obstacles pour susciter l'apprentissage. Si, pour surmonter ces obstacles, le stagiaire ne trouve pas de solutions, il peut déclencher des mécanismes de défense qui pourront freiner l'apprentissage et/ou mettre le formateur en difficulté.

Il faut aussi noter que le lien entre formateur et obstacle n'est pas toujours évident. Un stagiaire peut rendre le formateur personnellement responsable de l'obstacle qu'il rencontre et pour lequel il ne trouve pas de solution : le choix d'orientation, les difficultés familiales et/ou financières, etc. Dans ce cas, c'est pour tenter de réduire la tension provoquée par les obstacles que le stagiaire tient le formateur pour responsable.

C'est en nous appuyant sur les concepts de la psychanalyse concernant la réduction des tensions provoquant le conflit que nous avons sélectionné comme indicateurs certains mécanismes de défense du Moi. Une typologie ciblée pour la formation a été établie. Cette typologie a permis de recueillir quelques observations de terrain qui nous montrent que le conflit peut être un phénomène fréquent en formation. Je propose maintenant de poursuivre par l'exploration du sens et de la dynamique du conflit individuel en formation. Cette exploration nous conduira, *in fine*, à caractériser la dynamique du conflit interindividuel stagiaire/formateur et à montrer comment elle peut s'étendre au groupe.

3

Le conflit comme l'épisode d'un récit d'insertion

Chaque personne vient en formation avec son histoire, notamment celle de sa quête d'insertion socioprofessionnelle. Il arrive que le fait d'être en formation avec tel groupe et tel formateur ait un impact conséquent sur certains stagiaires qui vont inconsciemment se comporter «dans la dynamique de leur récit», par exemple en faisant comme s'ils mettaient tout en œuvre pour échouer, ou pour être exclus, ou encore pour ne pas s'impliquer... Si le formateur est attentif à cela, c'est-à-dire s'il peut l'identifier, il aura des chances d'être à même d'aider le stagiaire à le dépasser sans conséquences négatives pour le groupe et pour lui-même. C'est pourquoi je propose de comprendre le sens du conflit en formation en croisant le récit de la quête d'insertion socioprofessionnelle du stagiaire et le récit de la quête du formateur, et en examinant comment ce croisement peut générer un conflit, entre un stagiaire et le formateur, qui risque de s'étendre au groupe.

C'est en m'inspirant de la sémiotique du récit (notamment l'ouvrage d'Everaert-Desmedt, 2000) et d'une possible transposition[1] sur le terrain de la formation que je proposerai une réflexion sur le sens du conflit en formation. Nous partirons du récit de la quête d'insertion socioprofessionnelle d'un stagiaire pour montrer en quoi il peut y avoir un obstacle pour le formateur et le groupe de stagiaires.

---

1. Mon ambition est seulement de donner matière à réfléchir sur la question du sens du conflit en formation. Le lecteur pourra se référer à des textes spécialisés (Derycke, 2000). La démarche de transposition proposée s'inspire des travaux de recherche de cet auteur.

Analyse d'un récit d'insertion socioprofessionnelle

On peut faire un parallèle entre un récit (un conte par exemple) dans lequel le héros sera transformé une fois qu'il aura atteint sa quête (épouser la fille du roi) après avoir acquis, épisode après épisode, des compétences (souvent magiques) et un récit d'insertion socioprofessionnelle d'un demandeur d'emploi. Pour ce dernier, le récit a pu comporter différents épisodes : recherche d'une formation, voire d'un financement, «sélection» pour entrer dans cette formation, apprentissages, acquisition de compétences et, enfin, obtention d'un diplôme.

1. La structure du récit

À la fin du récit et à la suite d'épreuves, le héros est transformé : il obtient un diplôme (une qualification reconnue), c'est ce que l'on peut qualifier de «situation finale». Une fois la transformation accomplie, nous comprenons mieux (voire nous découvrons) quelle a été la véritable quête du «héros», et par conséquent quelle était sa «situation initiale» : il était au chômage et ne possédait pas de qualification lui permettant de trouver un emploi. Pour découvrir la structure d'un récit, il faut donc observer la situation finale qui donnera après coup le sens de la situation initiale. Par exemple, lorsque l'on rencontre en formation un stagiaire qui était au chômage, on ne sait pas quelle est sa quête par rapport à son insertion socioprofessionnelle. Est-elle de réussir à obtenir (10 ou 20 ans plus tard) un diplôme qu'il avait raté, de trouver tel type d'emploi dans tel secteur professionnel qu'il considère valorisant ou d'avoir une situation professionnelle stable (en contrat à durée indéterminée) pour être à même de se voir à nouveau confier la garde de ses enfants placés dans une famille d'accueil?

Pour identifier la situation initiale, il faut que celle-ci présente au moins un trait commun et un trait différent par rapport à la situation finale. Un stagiaire, par exemple, obtient un diplôme de soudeur à la fin d'une formation. Au début, il ne le possédait pas : c'est un trait différent par rapport à la situation finale. En revanche, son projet de trouver un emploi de soudeur est resté le même durant le temps de la formation : c'est le trait commun. Une autre spécificité de la structure du récit est le caractère soudain ou progressif du moment où a lieu la transformation. Si la quête du stagiaire est d'obtenir le diplôme de soudeur, la transformation sera soudaine et aura lieu à la fin de la formation, au moment où seront communiqués les résultats. Si sa quête est de trouver un emploi de soudeur, elle prendra un peu plus de temps et s'achèvera au moment où il recevra la réponse positive d'un employeur.

2. L'analyse du niveau narratif du récit

Les actants

Sur le chemin de sa quête d'insertion socioprofessionnelle, le demandeur d'emploi va rencontrer différents personnages (des actants). C'est à leurs rôles et à leurs interrelations lors de la narration que nous allons nous intéresser. Ces rôles peuvent être tenus par des hommes, des objets ou des valeurs. On peut identifier six rôles d'actant : le destinateur, le sujet, l'objet, l'adjuvant, l'opposant et le destinataire.

Un conseiller d'insertion, après avoir rencontré un demandeur d'emploi (le **sujet**) au chômage, peut devenir **destinateur** en lui montrant en quoi une formation professionnelle peut lui permettre de s'insérer socioprofessionnellement. Il confie alors une mission au sujet (la quête de l'**objet**) : être admis dans une formation. Supposons que le caractère diplômant de la formation fasse partie du système de valeurs du **destinataire** (conseiller et demandeur d'emploi savent que ce type de diplôme est exigé par les employeurs), cela sous-entend que le demandeur d'emploi (le sujet) pour être reconnu devra être admis dans une formation de ce type. Pendant le parcours (plein d'embûches) qui le mène à la formation, il rencontrera différents acteurs, ceux qui l'aideront (les **adjuvants**), une secrétaire accueillante par exemple ou le soutien de quelqu'un de son entourage, et des **opposants** (qui seront

47

un obstacle) : des professionnels qui vont le décourager ou lui donner de «fausses pistes», ou bien les autres candidats (dont le nombre est largement supérieur à celui des places disponibles) qui postulent à la formation qu'il veut obtenir, ou encore... ses propres inhibitions.

Les axes

On peut articuler ces six rôles autour de trois axes :

- **L'axe du désir** relie les rôles sujet/objet. Il représente la quête d'un sujet à la recherche d'un objet. Par exemple, un stagiaire en formation peut désirer l'obtention du diplôme. Au début de la formation, stagiaire et diplôme sont disjoints, pour être conjoints à la fin.

- **L'axe de communication** relie les actants : destinateur/objet/destinataire. Par exemple, le formateur (destinateur) provoque intentionnellement ou non l'action du sujet. Il indique au stagiaire comment il peut faire pour obtenir le diplôme (l'objet) : ce qu'il doit apprendre et comment il doit s'y prendre, le travail à réaliser... Dans le cas cité précédemment, le formateur a donné toutes les informations au stagiaire mais il ne fait pas à sa place; il lui fait faire, c'est le rôle du destinateur. Le destinataire représente les valeurs en jeu dans le récit. C'est lui qui juge si l'action est pleinement accomplie ou non par le sujet au regard du contrat établi avec le destinateur. Le destinataire est le judicateur; dans notre exemple, il s'agira du jury qui décidera ou non de l'attribution du diplôme.

- **L'axe du pouvoir** relie les rôles adjuvant/sujet/opposant. L'adjuvant donne du pouvoir au sujet pour atteindre l'objet de ses désirs, l'opposant l'affaiblit. Par exemple, dans un groupe en formation, le formateur pourra tantôt être perçu comme adjuvant (quand il encourage ou fait une remarque positive sur un travail) ou comme opposant (quand il sanctionne ou qu'il se montre peu disponible). Il en est de même pour les stagiaires entre eux, les adjuvants par exemple aident en donnant des explications complémentaires à celles fournies par le formateur. Au contraire, les opposants peuvent faire de la rétention d'information sur une entreprise qui recherche un stagiaire ou recrute un salarié par exemple.

Le contrat

Le lien qui unit le sujet (stagiaire) au destinateur (formateur) est le contrat (obtenir le diplôme). Il exerce un «faire persuasif» sur le sujet à propos de l'objet à acquérir. Le but du destinateur est de faire accepter le contrat. Lorsque dans notre exemple, le formateur dit au stagiaire qu'il faut qu'il obtienne un diplôme, le stagiaire peut accepter ou non le contrat. Dans tous les cas, le stagiaire interprète la valeur de l'objet (le diplôme) et en fonction de ce critère, prend une décision; s'il accepte l'influence du destinateur, il devient un «sujet virtuel».

On peut différencier les contrats. D'abord, il y a le *contrat injonctif* où le destinateur communique un «devoir-faire»; les contrats que les conseillers d'insertion passent avec les demandeurs d'emploi dans le cadre de dispositifs d'accompagnement peuvent être de ce type. Ensuite, vient le *contrat permissif* dans lequel le destinateur encourage le sujet à obtenir tel objet. Par exemple, lorsqu'un tuteur d'entreprise dit au stagiaire qu'il a accueilli : «Tu as toutes les qualités pour exercer ce métier.»

L'épreuve principale

Un récit a une fin, il est clos par une épreuve principale. C'est une épreuve où le sujet acquiert ou manifeste sa compétence dans une performance. Pour que le récit puisse s'achever, le sujet doit avoir capitalisé trois caractéristiques : «le vouloir», acceptation d'un contrat, «le pouvoir», apprentissage de compétences, et le «faire», preuve des compétences acquises. Cette épreuve pourra être considérée comme telle dans la mesure où elle répond aux valeurs portées dans le récit. En formation, la question des valeurs peut être : «Entrer en formation ou acquérir ce diplôme a-t-il de la valeur au regard du récit d'insertion professionnelle du demandeur d'emploi?»

Le transfert d'objet

Lorsque le sujet est «glorifié», il s'accapare l'objet de son désir. Dans les formations certifiantes, une évaluation finale comportant un seuil minimum atteste des compétences qui doivent être acquises. L'objet est le diplôme, il est acquis par une *épreuve* finale.

Première étude de cas : le stagiaire parvient à surmonter l'obstacle

Réaliser l'analyse thématique d'un récit consiste à repérer et placer dans un carré sémiotique les éléments pertinents du récit que l'on appelle *les valeurs*. Le carré sémiotique est composé de deux valeurs contraires que l'on trouve en observant les oppositions contenues dans le récit. C'est-à-dire des actes qui s'opposent, se «contredisent».

L'ensemble de l'analyse portera sur deux versions possibles du récit en formation d'un stagiaire que nous appellerons Julien. Dans le premier cas, le récit de Julien bute sur un obstacle qu'il arrive à surmonter. Cette première étude de cas nous permettra de poursuivre le déroulement du récit de Julien afin de réaliser le carré sémiotique complet. Dans la seconde étude de cas, le récit de Julien sera bloqué par la réaction du formateur. Pour «donner vie» à ce formateur, nous construirons son carré sémiotique.

Le cas de Julien, première version

Julien[1], âgé de vingt ans, a eu une enfance et une scolarité difficiles. Il semble un peu maladif (maigre, le teint très pâle). Il est logé dans un foyer situé à quatre kilomètres du centre de formation. Il ne possède ni permis de conduire, ni véhicule. Il vient d'échouer au BEP[2] d'électroni-

---

1. Ce cas est tiré d'un article de B. Chizelle et D. Lataste, «Miroir ô mon miroir», *in Champ contre champ* n°1, Espace formateurs, 2001, p. 78.
2. Brevet d'études professionnelles, premier niveau de qualification d'un métier.

que. Son correspondant de la mission locale[1] a détecté qu'il avait besoin d'affiner son projet d'électricien et d'obtenir un diplôme afin d'augmenter ses chances d'insertion professionnelle. Il est depuis une semaine en formation qualifiante avec les objectifs suivants : apprendre les savoir-faire liés au métier, remédier à des «difficultés comportementales» considérées comme limitantes pour occuper un poste en entreprise. En formation, lors de ses interventions, Julien se montre plutôt brillant et fait preuve d'une culture générale très étendue. Ce qui pose problème, c'est son comportement : depuis le début de la formation, il arrive systématiquement en retard le matin (d'une demi-heure) vêtu d'un tee-shirt à l'effigie du diable et d'un imposant médaillon assorti.

C'est à partir du moment où le formateur a interprété que Julien lui disait : «Je ne veux pas être comme les autres, comme vous voulez que je sois; reconnaissez ma différence et faites que je sois intégré dans le groupe», qu'il a pu lui «proposer» d'assumer un nouveau rôle spécifique (cohérent avec les règles de l'organisme de formation) d'organisateur de la vie en groupe : roulement pour le ménage, collecte de l'argent pour la pause-café, centralisation de l'information culturelle et sportive… C'est ainsi que Julien a pu trouver durablement sa place au sein du groupe en formation.

Situation initiale de Julien

Le correspondant de la mission locale (*destinateur*) demande à Julien (*sujet*) d'intégrer cette formation qualifiante (passeport pour son insertion sociale). C'est un *contrat injonctif*. Julien a besoin d'une qualification qui lui permettra d'exercer un métier et d'acquérir son autonomie (*l'objet de son désir*). Il a accepté *le contrat* «tout faire pour être intégré». Le récit commence avec la *valeur* «je veux m'intégrer dans cette formation». Nous verrons que la *valeur contraire* est «je veux m'exclure».

---

1. La mission locale accueille les jeunes de 16 à 25 ans sortis du système de formation initiale. Elle informe, conseille et accompagne les jeunes dans leur insertion socioprofessionnelle.

Situation finale de Julien

À la fin du récit, Julien a réussi à s'intégrer dans la formation en montrant sa différence, une différence acceptée par le groupe (composé d'*adjuvants et d'opposants*) et le formateur. Il est maintenant assuré que son parcours d'insertion va continuer, ce qui constitue la validation du *contrat injonctif* qui a été passé entre Julien et le correspondant de la mission locale. La *valeur* « je veux m'intégrer dans cette formation » est de nouveau présente à la fin du récit. Cependant, Julien a appris que l'on peut être différent sans faire « l'antisocial » et prendre sa place dans un groupe.

Quel a été le parcours de Julien ?

1. Julien montre sa différence (son identité ?) en adoptant des comportements « antisociaux » ; il semble que c'est comme cela qu'il « tente » de trouver sa place dans un groupe. Le récit passe alors par la *valeur contradictoire* « je ne veux pas m'intégrer ». En effet, Julien a trouvé un rôle, celui de « l'antisocial » qui lui permet de « prendre une place » (être reconnu) dans le groupe sans pour autant y être intégré. Il est « un peu à côté » mais il n'est pas pour autant « exclu ».

2. En jugeant qu'en formation, l'attitude de Julien est irrecevable, le formateur donne une autre *valeur* au récit. Comme si Julien, en adoptant cette attitude (comparée à celle des autres stagiaires) disait : « Je veux m'exclure. » Julien a devant lui un obstacle qui lui barre la route de l'accès à sa quête d'insertion socioprofessionnelle. S'il ne trouve pas le moyen de le dépasser, il vivra un conflit.

3. En prenant acte de cette remarque (celle du formateur), le récit progresse vers la *valeur contradictoire* : « Je ne veux pas m'exclure. »

4. Julien « invente » une attitude qui lui convient, qui respecte le cadre réglementaire de la formation et qui est une « attitude de professionnel » en devenir. La *valeur* « je veux m'intégrer » réapparaît dans le récit, mais avec une différence : Julien a découvert une autre manière de trouver sa place dans un groupe de formation.

On peut représenter dans un carré la dynamique du récit de Julien en formation. La lecture de ce carré «sémiotique» suit les flèches en partant du point «Je veux m'intégrer» au point «Je ne veux pas m'intégrer», puis de ce dernier au point «Je veux m'exclure» et ainsi de suite.

Le carré sémiotique de Julien

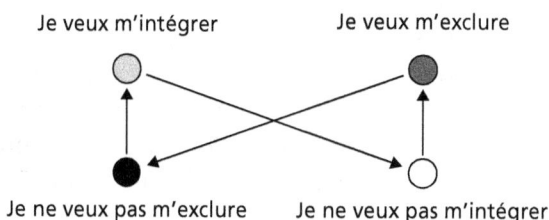

Je veux m'intégrer   Je veux m'exclure

Je ne veux pas m'exclure   Je ne veux pas m'intégrer

Seconde étude de cas : le conflit formateur/stagiaire

Cette fois, Julien est transporté dans une formation du même type, mais avec un autre formateur. Le premier cas analysé nous a permis de découvrir le carré sémiotique complet (la dynamique du récit) car le comportement de Julien n'a pas fait obstacle au formateur qui, dans cette situation, n'a pas développé de mécanismes de défense particuliers. Voyons maintenant le cas contraire. Pour cela, nous identifierons certaines valeurs qui nous permettront d'élaborer le carré sémiotique du formateur.

Les valeurs en opposition

Dans la mesure où un formateur considère les stagiaires comme «adultes» et «autonomes» (c'est une affirmation que j'entends souvent dans les échanges entre formateurs), on peut penser qu'il estime que les stagiaires ont pris (ou prendront) leurs dispositions personnelles pour

53

suivre la formation dans de bonnes conditions. Lors de la formation, le rôle du formateur se limitera à accompagner les stagiaires à surmonter leurs difficultés d'apprentissage du métier. La valeur ici en jeu est : «Je suis formateur d'adultes.»

Compte tenu de l'explication ci-dessus, je propose comme *valeur contraire* : «**Je suis incompétent face à certaines difficultés (par exemple les difficultés personnelles que le stagiaire rencontre lors de la formation).**» Si le formateur peut se sentir compétent pour résoudre des difficultés d'ordre pédagogique, il peut douter de sa compétence – et de sa légitimité – pour aider le stagiaire sur le plan personnel.

À partir de ces deux *valeurs en opposition* et en «tirant des diagonales» où les *valeurs contradictoires* prennent leur place, je propose ci-dessous le «carré sémiotique du formateur» dont je donnerai une lecture dynamique (en suivant les flèches). On constate que seules les trois premières *valeurs* du carré sémiotique apparaissent ici (sur le schéma ci-dessous, deux flèches sur quatre sont en trait gras). En effet, le récit s'arrête car il est «bloqué» par l'obstacle que représente le comportement de Julien, compte tenu de la quête professionnelle de ce formateur qui pourrait être : «Faire réussir les stagiaires.» C'est-à-dire leur «enseigner» des savoirs de métier afin qu'ils réussissent à obtenir le diplôme et qu'ils puissent trouver un emploi.

Le carré sémiotique du formateur

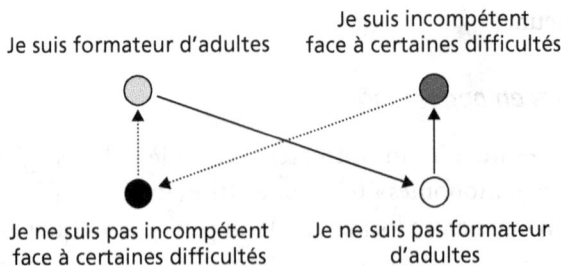

Je suis formateur d'adultes

Je suis incompétent face à certaines difficultés

Je ne suis pas incompétent face à certaines difficultés

Je ne suis pas formateur d'adultes

Le récit construit à partir du carré sémiotique du formateur

1. Comme tous les jours depuis le début de la formation, le formateur anime ses séquences. Son contenu est bien organisé et il montre en quoi ses apports ont un intérêt pour le métier auquel les stagiaires se destinent. Il se sent bien dans son rôle. Les stagiaires lui posent des questions et il y répond avec plaisir en proposant des situations adaptées à leur niveau. Les stagiaires, quant à eux, font preuve d'autonomie : ils organisent des travaux en sous-groupes et prennent la responsabilité du rangement des salles.

2. Depuis quelque temps, le formateur perçoit un stagiaire différent. Il ne l'avait pas remarqué jusque-là. Il est jeune et porte un médaillon imposant un peu bizarre. Il se rappelle l'avoir vu arriver souvent en retard le matin. Il se dit que c'est impossible de faire son métier avec ce type de public.

3. Un matin, sans crier gare, ce stagiaire se met en colère. Il accuse le formateur de ne pas bien expliquer. Il dit qu'il n'est pas le seul, que les autres font semblant de comprendre (on reconnaîtra un des mécanismes de défense que nous avons présentés auparavant). Le formateur pense en lui-même : *« Je ne suis pas médecin, ni psychologue ou éducateur, je suis payé pour être formateur d'adultes. »* Il demande à sa hiérarchie d'utiliser des mesures disciplinaires pour l'obliger à arriver à l'heure et dans une tenue correcte. Les résultats ne sont pas au rendez-vous et la situation empire. En outre, ses résultats sont de plus en plus médiocres. Le formateur ne sait plus quoi faire. Julien représente un obstacle à sa quête. Excédé, il déclare à la pause-café à ses collègues : *« C'est la faute des conseillers d'orientation, ils ne font pas leur travail, ils remplissent les formations et puis après… »* C'est aussi un mécanisme de défense. Le lendemain, Julien est exclu du groupe. L'ambiance est tendue. Certains stagiaires, dans les couloirs, «soutiennent» Julien…

Le comportement de Julien (que nous avons développé à partir du carré sémiotique identifié dans la première étude de cas) est devenu un obstacle pour ce formateur. Obstacle pour lequel il n'a pas trouvé de solution. Pour continuer et donner une issue positive à la situation conflictuelle, le récit aurait certainement dû se prolonger par : «**Je ne suis pas incompétent face à certaines difficultés que le stagiaire rencontre lors de la formation**», qui est la contradiction de la valeur qui bloque le récit.

Pour en arriver là, il me semble qu'il faut réunir au moins trois conditions.

1. D'abord, que le formateur se sente concerné par les difficultés du stagiaire (vouloir sortir de cette incompétence).

2. Ensuite, qu'il sache quoi faire (savoir sortir de cette incompétence).

3. Et enfin, qu'il puisse le faire.

Le schéma du conflit formateur/stagiaire qui «tourne en rond» et se propage

Le schéma ci-dessous, réalisé en s'appuyant sur l'interaction des deux carrés sémiotiques Julien/formateur, fait l'objet d'une lecture dynamique plus générale.

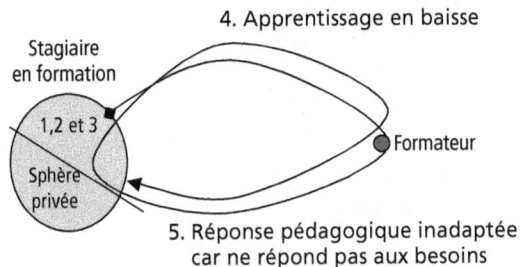

1. Émergence d'un obstacle dans la sphère de formation
2. Résistance de l'obstacle
3. Activation des mécanismes de défense

Stagiaire en formation

4. Apprentissage en baisse

1,2 et 3

Sphère privée

Formateur

5. Réponse pédagogique inadaptée car ne répond pas aux besoins

Comment lire la dynamique de ce schéma ?

Je propose de suivre la dynamique de ce schéma (du point 1 au point 5) qui modélise le conflit interrelationnel entre le stagiaire et le formateur. Ensuite, je montrerai comment ce type de conflit interrelationnel peut se propager dans le groupe de stagiaires.

1. **Un obstacle émerge du côté du stagiaire**[1]. Cet obstacle est issu soit de la formation, soit de la vie personnelle du stagiaire.

2. **Le stagiaire tente de résoudre l'obstacle mais il lui résiste.** S'il n'y parvient pas, il active alors des mécanismes de défense.

3. **Le stagiaire donne un message qui a un sens caché (comme dans le cas de Julien : «Je veux m'exclure.»).** Cette manière d'agir a forcément une incidence sur l'apprentissage qui est «en baisse». Le stagiaire n'est plus réceptif aux propositions du formateur.

4. **Pour le formateur, cette baisse (ou frein) de l'acquisition des compétences devient un obstacle à sa quête professionnelle.** Si le formateur «perçoit cela» mais ne trouve pas de moyens pour dépasser cet obstacle, il lui devient difficile de savoir quoi faire.

5. **Le formateur va-t-il trouver une solution ?** En cas de réponse négative, il peut lui-même déclencher des mécanismes de défense. Rencontrant «une incapacité à trouver une solution face à un obstacle», la réponse pédagogique du formateur peut être inadaptée, allant même jusqu'à rajouter un obstacle au stagiaire. L'apprentissage risque d'être d'autant plus freiné. Cet état amplifie le point 4 du schéma (apprentissage en baisse) et peut à son tour avoir un impact négatif sur le formateur et ainsi de suite…

Voyons maintenant comment ce type de conflit interindividuel entre un stagiaire et le formateur pourrait contaminer le groupe de stagiaires.

---

1. Pour l'exemple, je commence par un obstacle émergent d'abord de la part du stagiaire, mais on pourrait imaginer l'inverse.

Revenons vers la complexité du métier de formateur et les différentes causes du conflit examinées au début de ce chapitre. Lorsque le conflit «tourne en rond» entre Julien et son formateur, que peuvent penser les autres stagiaires du groupe?

1. Le formateur consacre tout son temps et toute son énergie à Julien et ne s'occupe pas beaucoup de nous *(cf. «La formation, entre réciprocité des échanges et rareté des ressources»).*

2. Est-ce bien le rôle du formateur que d'aider Julien à régler ses problèmes personnels? On est ici pour apprendre un métier *(cf. « La formation, un lieu où chacun doit tenir son rôle»).*

3. Certains stagiaires peuvent ne pas vouloir collaborer avec Julien, créant alors un obstacle supplémentaire à sa réussite (et à celle des autres) pour l'obliger à «arrêter son cinéma» *(cf. «La formation, un lieu d'exercice du pouvoir»)* et d'autres peuvent être déçus par l'ambiance dans cette formation *(cf. «La formation, une hétérogénéité de motivations à gérer»).*

4. Enfin, la situation peut encore empirer si le formateur ne conduit pas des régulations psychoaffectives *(cf. « La formation, un climat influencé par le style du formateur»).*

EN SYNTHÈSE

Comprendre et donner un sens au conflit permet de prendre de la distance pour l'accepter. C'est la première étape. Cependant, et au vu de cette première partie de l'ouvrage, il est néanmoins possible de tenter de gérer le conflit en formation et ce, d'autant mieux qu'on accepte qu'il a du sens pour le stagiaire, qu'il est au cœur même du processus de formation et du métier de formateur. Utiliser des outils pour gérer le conflit en formation est l'objet de la seconde partie.

Partie II

Comment tirer parti du conflit

Nous avons vu que le conflit est chose commune, voire nécessaire en formation. Il est primordial que le formateur évite d'en rajouter, au risque de perdre le contrôle du groupe et d'«aller dans le mur». Dans cette seconde partie de l'ouvrage, les démarches opérationnelles présentées constituent autant de portes qui peuvent être ouvertes afin de ne pas s'enfermer dans des situations tendues (lors desquelles plusieurs stagiaires sont en conflit et où le formateur est exposé). Ces démarches sont issues d'une pratique conjointe de formation de formateurs et d'accompagnement d'équipes (notamment en analyse de la pratique professionnelle). Chaque démarche est composée de trois parties :

1. Une introduction, qui montre en quoi elle contribue à la prévention et/ou à la gestion des conflits en formation.
2. Une réflexion théorique (pour des raisons pédagogiques elle peut être présentée en troisième partie).
3. Un type d'intervention.

Renforcer son identité de formateur en délimitant son champ de pratique

Fortifier son identité de formateur, c'est tracer la frontière entre ce qui relève de la formation et ce qui n'en relève pas (les formateurs des «secteurs professionnels» estiment parfois ne pas partager grand-chose avec ceux de «l'insertion», et réciproquement). Il n'est cependant pas question «d'albaniser» la formation par des frontières trop imperméables : il s'agit seulement de sentir que l'on partage bien un même territoire professionnel et d'y clarifier son rôle.

Ces deux points sont nécessaires pour que le formateur accepte qu'un ou des stagiaires puissent vivre un conflit «en lui en voulant» sans que lui-même vive cette situation comme un obstacle. Rester «zen» parce que l'on sait que l'on est sur son territoire et dans son rôle, constitue une ressource identitaire précieuse pour soi et une attitude sécurisante pour les stagiaires.

▶ *Qu'appelle-t-on identité ? De nombreuses approches existent. Dubar (2000) propose de considérer l'identité professionnelle comme une iden-tité collective qui procède par ajustement d'une identité «pour soi» (liée aux activités que le titulaire de l'emploi met derrière ce mot) et d'une «identité pour autrui» (la représentation qu'a autrui des activités réali-sées dans tel ou tel emploi).*

Ce qui est proposé ici, c'est de profiler un contour à *l'identité collective de formateur* en traçant les frontières de la formation. Ensuite, nous discuterons des postulats à adopter pour guider sa pratique dans le but de renforcer son « *identité de formateur pour soi* ».

La formation, son territoire et ses frontières

Quelles frontières donner à la formation ? Quel est son territoire ? Pour répondre à ces questions, je m'appuie, avec une certaine liberté, sur un texte de Fabre (1992). L'auteur, en pratiquant une comparaison de la formation avec d'autres territoires (l'enseignement, l'éducation et l'instruction), y relève *quatre traits caractéristiques* qui vont aussi nous permettre d'en déduire les activités spécifiques au métier de formateur :

1. **La formation se centre sur la personne qui est acteur de sa formation. Aussi, faut-il ajuster en permanence le programme en fonction des demandes des stagiaires. Cela suppose aussi un engagement de leur part dans le processus de formation.** De ce trait, on peut déduire l'activité «cœur de métier» du formateur : l'animation de séances de formation favorisant la participation active des stagiaires.

2. **On ne vise pas le savoir pour lui-même mais en référence à la pratique. Il s'agit de trouver des réponses à des situations concrètes.** Ce trait nous permet de rajouter un point à l'activité de cœur de métier : l'animation de séances de formation favorisant la participation active des stagiaires à partir de situations concrètes.

3. **La formation vise une transformation de la personne sous ses facettes affectives, cognitives et sociales : savoir-faire relationnels, savoirs et savoir-faire.** De ce trait, on peut déduire que le formateur mobilise des activités d'accompagnement aux apprentissages, à l'émergence de projet professionnel, de soutien psychologique et social.

Pourquoi vaut-il mieux abandonner le terme de «savoir-être»?

Fabre, comme beaucoup d'acteurs de la formation, emploie le terme de «savoir-être» qui m'a toujours embarrassé en formation car l'on pourrait penser qu'être n'est pas suffisant en soi et qu'il faudrait «savoir» être. Y aurait-il quelque chose à apprendre pour être? Je lui préfère le terme de «savoir-faire relationnel» qui dit plus clairement qu'il est une des composantes d'un rôle social et/ou professionnel même s'il ne recouvre pas toute la réalité de ce que l'on appelle le «savoir-être». Je définirai les différentes formes de savoirs et de savoir-faire plus loin.

---

4. Il s'agit d'un processus de professionnalisation soit pour évoluer vers un métier, soit pour en apprendre un autre. De ce trait, on peut déduire que le formateur mobilise une activité de veille technologique et d'analyse des besoins du monde du travail (c'est ce que l'on nomme dans le jargon de métier «l'ingénierie de la formation»).

Partager ces traits permet déjà de donner un premier tracé au territoire de la formation que l'on peut renforcer avec une autre proposition du texte de Fabre : la formation est un processus qui possède une triple logique; on *«forme quelqu'un à quelque chose pour quelque chose».* «Former quelqu'un» relève d'une logique psychologique (la formation est transformation), «à quelque chose» relève d'une logique didactique (de choix et d'organisation des contenus de la formation) et «pour quelque chose» relève d'une logique socio-économique (pour répondre aux besoins de la société et des entreprises).

La triple logique de la formation

Logique psychologique
Former quelqu'un...

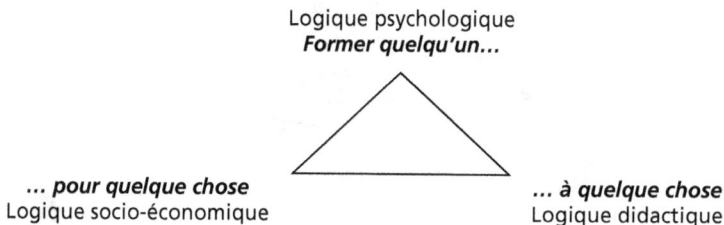

... pour quelque chose
Logique socio-économique

... à quelque chose
Logique didactique

Tracer un triangle[1] isocèle dont les sommets représentent : *«former quelqu'un»* (logique psychologique), *«à quelque chose»* (logique didactique), *«pour quelque chose»* (logique socio-économique) est bien commode pour définir plus précisément *une carte du territoire de la formation* :

1. En plaçant les différentes formes de formation : «remise à niveau (maths, français, etc.) et éducabilité cognitive (atelier de raisonnement logique, etc.)», «insertion» ou «professionnelle».

2. En identifiant comment on peut sortir du territoire si l'on perd un des trois sommets du triangle.

3. Et enfin, en montrant les tensions présentes sur ce territoire et qui participent ainsi à sa délimitation.

Territoire de la formation

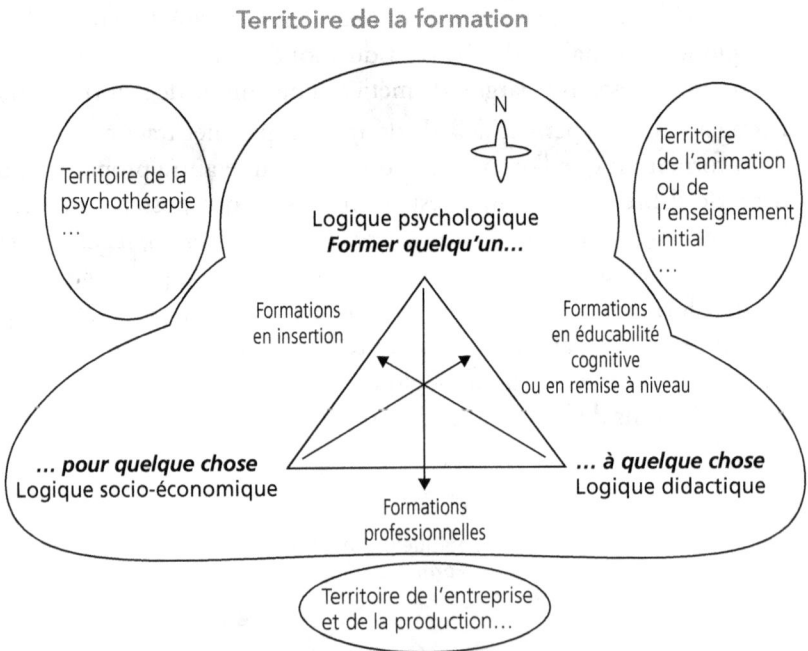

___

1. J'ai un peu remanié le schéma initial de Fabre pour rendre compte du territoire de la formation.

Il faut rester sur son territoire, quel que soit le type de formation exercée

Imaginons-nous sur un bassin de navigation triangulaire où les trois types de formation : «formations en éducabilité cognitive ou en remise à niveau», «formations professionnelles» et «formations en insertion», représentent trois routes différentes. Comment prendre une des directions sans quitter le bassin de navigation? En faisant le point, comme on le fait dans la marine, à partir des trois amers que constituent les trois sommets qui délimitent le territoire, on peut savoir à tout moment si l'on est encore dans le champ de la formation :

1. Les **formations en éducabilité cognitive ou en remise à niveau** constituent une des directions que peut prendre la formation : celle du nord-est. Elles privilégient les logiques psychologiques et didactiques et dominent la logique socio-économique. L'éducabilité cognitive est plus centrée sur une logique psychologique comparée à la remise à niveau qui est plus orientée vers une logique didactique. Pour rester dans leur territoire, ces formations ne doivent pas perdre de vue l'amer du sud-ouest : la logique socio-économique. Le formateur doit, pour cela, proposer des situations ancrées dans cette logique avec des moments de «bridging» proposés aux stagiaires, susceptibles de leur permettre de relier les apprentissages à un «à quoi ça peut servir?» dans la logique socio-économique. En perdant cet amer, la remise à niveau ne se différencie plus de l'enseignement initial et l'éducabilité cognitive devient un simple jeu de logique.

2. Les **formations professionnelles** constituent une deuxième direction possible, celle du sud. Cette direction privilégie les logiques didactiques et socio-économiques qui dominent la logique psychologique. Cette dernière est dominée, mais elle est aussi l'amer du nord qu'il ne faut jamais perdre de vue, au risque de sortir du territoire de la formation et de rentrer dans celui de l'entreprise et de la production.

Perdant ce point de repère, le formateur deviendrait une sorte de chef d'équipe ou de contremaître pour lequel les erreurs des stagiaires perdraient leur statut d'indicateurs d'ajustement du programme de formation, la production devenant première. En formation professionnelle, la production a moins d'importance que la manière dont le stagiaire s'y est pris pour la réaliser.

3. Les **formations en insertion**, qui sont de formes «psychosociales», constituent la troisième et dernière direction possible sur le territoire de la formation : celle du nord-ouest. Cette direction privilégie les logiques psychologiques et socio-économiques qui dominent la logique didactique. Cette logique est le phare qui permet de ne pas déraper de la formation psychosociale vers une intervention sur la personne de type psychothérapeutique. S'il faut accompagner le changement de comportement d'un stagiaire pour qu'il gagne en autonomie et s'insère dans la société et l'entreprise, le formateur doit d'abord proposer des contenus issus des sciences humaines qui, une fois appropriés par le stagiaire, lui permettront de devenir acteur de son changement, voire de le refuser. En stage de «techniques de recherche d'emploi» par exemple, des formateurs peuvent être tentés de diagnostiquer le «manque de savoir-être» des stagiaires pour expliquer leurs échecs passés lors d'entretiens d'embauche. Il est préférable que les formateurs donnent aux stagiaires des clés de lecture des différentes attitudes en communication, qu'ils en discutent les avantages et les limites afin qu'ils puissent eux-mêmes s'auto-évaluer lors d'un entretien d'embauche simulé.

Paradoxalement, trois tensions nous amènent à mieux définir le territoire

Percevoir les tensions autour de soi est inconfortable mais présente un bénéfice secondaire : un renforcement de son identité par une meilleure prise de conscience des frontières de son territoire. Le territoire de la formation est soumis à trois tensions qui, une fois mises à jour, peuvent nous aider à encore mieux en tracer les frontières :

1. Pour les **formations professionnelles**, il existe une tension entre la logique didactique et la logique socio-économique : comment articuler la théorie et la pratique ? Sélectionner les contenus en se rapprochant trop de la logique professionnelle, c'est prendre le risque d'adapter des stagiaires aux seuls besoins immédiats de l'entreprise («l'ouvrier d'un seul geste») au risque de les priver d'une capacité d'adaptation aux évolutions de l'entreprise et/ou à des mutations de leur bassin d'emploi. De plus, répondre uniquement aux besoins de savoirs de l'entreprise, c'est priver les stagiaires d'une culture nécessaire pour comprendre et agir sur le monde. Et cependant, trop s'en éloigner, c'est prendre le risque de concevoir des formations inadaptées au marché de l'emploi.

2. Pour les **formations en remédiation cognitive ou en remise à niveau**, il existe une tension entre la logique didactique et la logique psychologique : comment prévoir les contenus proposés et tenir compte des capacités d'apprentissage des stagiaires ? Quelles situations de formation faut-il proposer pour que les stagiaires puissent apprendre des contenus et apprendre à apprendre ?

3. Pour les **formations en insertion**, il existe une tension entre la logique socio-économique et la logique psychologique. En effet, dans ce champ, on vise à la fois le développement de la personne (sa désaliénation) et son insertion sociale : comment peut-on doser cette dialectique ? Faut-il favoriser le développement personnel et le projet professionnel au risque de s'éloigner des besoins socio-économiques ? Trop s'en rapprocher, c'est peut-être aliéner les individus. Ici, formateurs, stagiaires et commanditaires ne sont pas toujours d'accord.

Guider sa pratique à l'aide de postulats

Nous avons défini les frontières de la formation où le formateur va intervenir. Les postulats[1] présentés ici guident mes propres interventions pédagogiques en formation. Ils m'aident à gérer les conflits car ils me permettent de redonner un sens à l'acte de formation, sens que je peux perdre de vue lorsque je doute de ce «métier impossible». De plus, une technique employée en pédagogie est toujours sous-tendue par un système de valeurs, une conception de l'acte de formation qui mérite de se dire. Les postulats présentés ci-dessous constituent une base pour définir une *identité de formateur pour soi*.

Postulat N°1 : le but de la formation est de permettre au stagiaire de développer son autonomie pour trouver et/ou maintenir sa place dans la société

▶ *L'autonomie est l'acte de se conduire suivant ses propres lois. Concrètement, il s'agit de donner un sens à son action à partir de ses propres conceptions, de faire des choix et de les assumer, d'exercer sa responsabilité; choisir un métier, trouver sa place dans la société... Être autonome, ce n'est pas se débrouiller tout seul; savoir demander de l'aide fait partie de l'autonomie.*

Le concept philosophique et sociologique d'autonomie (Kant, Durkheim) s'articule en trois niveaux :

1. Une **discipline de désir** : on ne peut pas envisager d'autonomie sans une discipline de désir. Il faut savoir (vouloir) différer la satisfaction

---

1. «*Principes indémontrables qui paraissent légitimes, incontestables*» (Le Petit Robert). Les sources documentaires qui m'ont inspiré : postulat N°1 (Foray, 2000; Stewart et Joines, 1991); postulat N°2 (Segal, 1990); postulat N°3 (Avanzini, 1992; Épictète, 1995); postulats N°4, N°5 et N°6 (Esser, 1993).

de son désir (voire y renoncer). Cette satisfaction nécessite souvent l'acquisition de compétences. Pour accéder au plaisir de skier, il faut passer par l'acquisition de gestes techniques, ce qui peut demander un peu de temps.

2. Une **nécessaire socialisation** : l'autonomie suppose de s'inscrire dans la société, d'en respecter les lois, les mœurs, les règles, les conventions et obligations collectives et de prendre la responsabilité de ses actes devant les autres.

3. Une **nécessaire affirmation de soi** : être autonome, c'est appartenir à un groupe social mais c'est aussi s'en détacher pour s'affirmer ; il y a des choix personnels à réaliser, des projets à conduire.

Cette rapide présentation de l'autonomie, lorsque je la propose aux stagiaires, m'a toujours permis d'engager une discussion féconde car ils vivent eux-mêmes une perte d'autonomie. D'abord financière, elle a souvent produit des dégâts «collatéraux» : perte des collègues de travail, divorce, perte des amis, vente de la maison, etc. Cette «mise en mots» leur permet d'échanger à propos de leur expérience puis d'envisager les choses différemment, notamment parce qu'ils désirent... obtenir un diplôme, un emploi, et qu'ils prennent conscience qu'ils sont de nouveau inscrits dans un groupe (celui de la formation) pour acquérir de nouvelles compétences... le processus d'autonomie est derechef en marche.

Une approche psychologique peut compléter ce premier point de vue. L'autonomie, pour Berne, requiert la reconquête de trois capacités :

1. *« Utiliser ses cinq sens pour avoir des impressions purement sensuelles. »*[1] Les auteurs poursuivent en expliquant qu'il s'agit de s'autoriser à «lâcher» le processus de filtre et/ou d'interprétation des informations sensorielles, à être le plus possible en pleine conscience.

---

1. I. Stewart et Y. Joines, *Manuel d'analyse transactionnelle*, Paris, InterÉditions, 1991, p. 319.

2. *«Choisir parmi un large éventail d'options de sentiments, de pensées et de comportements»*[1] qui nous permettent de réagir aux circonstances.

3. Partager ouvertement ses sentiments et ses besoins authentiques avec les autres.

Pour Berne, il est nécessaire d'assumer ses sentiments et de se défaire de schémas psychologiques inappropriés dans «l'ici et maintenant». Selon lui, le fait que nos réactions présentes se calquent parfois sur nos comportements passés peut créer une certaine «inadaptation», faute d'avoir pris en considération le contexte actuel.

En formation, après un exercice, une mise en situation pédagogique ou plus généralement une situation problématique vécue par le stagiaire, je m'inspire de ce modèle pour l'aider à développer son autonomie (au sens de Berne) en lui posant cinq types de questions :

1. Autour de la fonction «sentir» : comment te sens-tu (ou t'es-tu senti) dans cette situation?

2. Autour de la fonction «percevoir» : qu'as-tu vu, entendu, perçu?

3. Autour de la fonction «ressentir» : qu'as-tu ressenti? Qu'est-ce que cela t'a fait?

4. Autour de la fonction «penser» : qu'as-tu pensé à tel moment? Et maintenant, qu'est-ce que tu en penses?

5. Autour de la fonction «agir» : qu'est-ce que tu as fait à tel moment? Qu'est-ce que tu aurais pu faire ou dû faire? Si c'était à refaire, qu'est-ce que tu ferais?

Il est souvent difficile pour les personnes de répondre à ces questions dans le registre approprié. Par exemple, si l'on demande à un stagiaire formateur : qu'as-tu ressenti lorsque, dans ta séquence, tu as vu les stagiaires discuter entre eux? Il est fréquent qu'il réponde : «J'ai pensé que mon cours ne les intéressait pas.» À ce moment-là, on peut tenter de revenir sur la question du ressenti d'une autre manière : «Et qu'est-ce

---

1. *Ibid.*, p. 320.

que cela t'a fait de penser que ton cours ne les intéressait pas?» Il s'agit de l'aider à prendre conscience qu'il utilise (ou peut utiliser) les cinq fonctions ci-dessus et que cela va lui permettre de développer son autonomie.

Postulat N°2 : nous ne pouvons pas transmettre le savoir au stagiaire, nous ne pouvons que créer les conditions pour qu'il apprenne

Souvent, lorsqu'on rencontre des formateurs débutants, ils disent qu'ils ont choisi ce métier pour transmettre leur savoir et/ou leur expérience (professionnelle ou de vie). «Vouloir transmettre son expérience à quelqu'un, c'est vouloir donner un peigne à un chauve» dit un proverbe chinois. En formation, que pensons-nous transmettre[1]? Lors d'une séance, nous pourrions penser transmettre notre expérience (en racontant comment nous nous y sommes pris dans telle ou telle situation…) ou, plus modestement, un savoir. Les linguistes pourraient qualifier le mot *«savoir»* de nominalisation. Une nominalisation est le processus qui transforme une phrase verbale en un nom. La nominalisation du «stagiaire apprend» est le «savoir». Aussi, comme le peigne de notre proverbe chinois et le savoir du stagiaire sont des noms, nous pourrions, par le langage, nous illusionner. Cependant, le peigne est un nom de chose que l'on peut toucher, manipuler et donc transmettre alors que le savoir est une nominalisation, une représentation de l'esprit inférée à partir d'un résultat : le stagiaire sait réaliser telle ou telle chose, il a donc acquis tel ou tel savoir. Aucun formateur n'a l'expérience de ce savoir acquis comme on peut l'avoir du peigne. En formation, il n'est pas possible de «transmettre» ou, pour être plus pré-

---

1. Je ne nie pas cependant que l'on puisse par «bain culturel» transmettre des codes, des manières de tenir son corps, de s'exprimer, de penser, etc. Dans ma pratique de formateur d'adultes, c'est l'hypothèse constructiviste (l'individu construit lui-même ses propres connaissances) qui guide mes interventions.

cis, la seule chose que l'on puisse transmettre, c'est ce que l'on est[1]. *« On n'enseigne pas ce que l'on sait mais ce que l'on est »* disait Jean Jaurès.

Le rôle du formateur est donc de créer les conditions favorisant l'apprentissage. Encore faut-il que le stagiaire veuille bien «bousculer» ce qu'il connaît et sa façon de fonctionner pour pouvoir, de nouveau, apprendre. En fait, il existe une coresponsabilité en formation : le formateur prépare des situations pédagogiques visant à créer les conditions de l'apprentissage, et le stagiaire s'y confronte avec la volonté d'acquérir de nouvelles compétences.

Postulat N°3 : quelle que soit sa situation, le stagiaire a des ressources pour apprendre ou pour progresser professionnellement si la formation correspond à ses besoins

Cela renvoie au postulat d'éducabilité de Feuerstein (Avanzini, 1992). Il est important de restaurer les facultés cognitives et sociales des personnes en formation, surtout si elles sont en difficulté d'insertion, ce qui est souvent le cas en formation de longue durée. Quelle que soit la situation (intellectuelle, personnelle…) du stagiaire, il est toujours possible de tenter de le stimuler pour qu'il «contacte» ses ressources. Toute personne possède des ressources; au formateur de créer les conditions pour qu'elle en prenne conscience et les utilise. En quelque sorte, il s'agit de stimuler ce que Feuerstein nomme la *propension* de l'être humain à apprendre.

---

1. Ce qui suppose que le formateur se connaisse bien.

Le formateur est-il responsable de la réussite des stagiaires ?

Je connais des formateurs qui pensent avoir la responsabilité totale de la réussite des stagiaires dont ils ont la charge. Pour ma part, je ne le crois pas. Les formateurs ont la responsabilité de bien préparer les stagiaires à un examen, à un entretien de recrutement, à un métier, mais ensuite... Lors d'un recrutement pour un emploi par exemple, la préparation à l'entretien n'est pas suffisante pour garantir la réussite : il y a le recruteur, ses attentes, ses contraintes et la «prestation» du candidat; le formateur n'a pas la responsabilité de tout cela. Il y a bien coresponsabilité. Cependant, il faut bien admettre aussi que si le formateur a un certain «pouvoir» sur les stagiaires (au moins de par son statut), il a aussi une autre forme de responsabilité que celle de les préparer à un examen, à un métier : celle de ne pas exercer tout son «pouvoir». En effet, de la situation de dissymétrie statutaire et cognitive entre le formateur et les stagiaires, des phénomènes psychologiques peuvent apparaître et même parfois de manière exacerbée : dépendances envers le formateur, fantasmes sur sa personne... Détenir un «pouvoir», c'est aussi accepter d'en assumer la responsabilité, et dans le cas du formateur de ne pas «profiter» de cette situation. Je connais des formateurs «irresponsables» qui «profitent de la situation» et ont des relations sexuelles avec leurs stagiaires. C'est inadmissible !

Postulat N°4 : il y a une différence entre ce que le stagiaire fait et ce qu'il est

La formation, c'est une rencontre. Souvent, formateurs et stagiaires ne se choisissent pas; pourtant les premiers devront enseigner aux seconds et les seconds faire confiance aux premiers. Il y a les premières impressions, puis les attentes du formateur envers les stagiaires. Il arrive que des formateurs aient des jugements de valeur sur certains stagiaires (il est bon, il est nul...). Un professionnel de la formation devrait seulement porter son attention sur des comportements factuels attendus en formation : untel n'a pas réussi cet exercice, etc. En donnant une chance au stagiaire de changer, il se donne lui-même l'opportunité de percevoir et d'encourager ce changement.

Postulat N°5 : « Une carte n'est pas le territoire » ; dans une situation donnée, à chacun sa vision du monde

Je reprends ici le titre du livre de Korzybski (1998) pour souligner qu'il y a une différence entre expérience et langage. La carte (le langage) n'est pas le territoire (l'expérience). Elle n'est qu'une représentation schématique du territoire qui est plus «étendu et complexe». De plus, «la» perception du formateur (sa carte) n'est pas la seule, même s'il est expert sur son «territoire»; elle est une des perceptions possibles. Les stagiaires ont chacun leur perception et leur compréhension des exercices présentés en formation, des réalités socio-économiques, etc. Ils ont leur propre réalité. C'est au formateur de s'interroger sur les mécanismes qui construisent ces réalités. Quand un stagiaire rencontre des difficultés d'apprentissage, il ne sert à rien de répéter la même chose en espérant qu'il comprenne enfin. Il est préférable de partir de sa réalité pour l'amener à exprimer ce qu'il a compris. Remonter à la source de l'erreur donne des chances au formateur d'apporter une remédiation. Si un stagiaire dit : «Je n'ai rien compris!», on lui demandera «Qu'est-ce que tu n'as pas compris?» plutôt que de lui répéter la même explication.

Postulat N°6 : si le stagiaire adopte tel ou tel comportement, c'est qu'il y a une « bonne raison » à cela

Un stagiaire a pu apprendre à résoudre un problème d'une certaine manière qui ne correspond pas à l'attente du formateur. Si le formateur ne parvient pas à repérer en quoi ce comportement est inadapté en formation, il doit alors se faire aider, en analyse de la pratique par exemple. Si le comportement du stagiaire est clairement inadapté compte tenu des objectifs de la formation, ce dernier risque de diminuer ses chances d'insertion socioprofessionnelle. Par exemple, lorsqu'un stagiaire arrive systématiquement en retard le matin en cours malgré la demande de ponctualité du formateur, la réponse du formateur doit être, bien entendu de tenir bon sur les règles, mais aussi de comprendre ce que signifie («la bonne raison»), pour ce stagiaire, de développer ce type de comportement «ici et maintenant».

Postulat N°7 : formateur n'est pas un métier facile !

Le métier de formateur fait partie de ces «métiers impossibles» où les paradoxes se côtoient. Un métier pas facile non plus parce que, comme beaucoup de métiers sociaux, il est en crise identitaire.

Pourquoi dit-on que «formateur» est un métier impossible ?

Après un peu d'expérience, on peut penser que ce métier est impossible (Freud l'avait déjà signalé pour les métiers de l'éducation). Accompagner un processus de formation peut se révéler périlleux; la relation formateur/stagiaire est comme en équilibre sur une corde raide. En simplifiant, on peut dire que le stagiaire vient en formation en «position d'ignorant» par rapport au contenu du stage. Il attend du formateur qu'il sache et qu'il adopte une «position de maître». Cependant, au fur et à mesure que le stagiaire acquiert des compétences, la «position de maître» du formateur s'affaiblit. Or, de son côté, le formateur doit maintenir le stagiaire dans une «position d'ignorant» car, comment peut-il former un stagiaire à quelque chose si ce dernier estime déjà le savoir? Pourtant, c'est ce même formateur qui vise à développer l'autonomie du stagiaire en lui permettant d'acquérir le savoir, de l'amener en position de «celui qui sait», comme peut l'être la «position de maître». Compte tenu de cette situation paradoxale, une formation réussie est celle où le stagiaire a appris et quitte le formateur en bonne relation. Comment y parvenir? Une des solutions (Rouzel, 2002; Boyer, 2001) consiste à ce que le formateur ne réponde pas à toutes les questions des stagiaires (le pourrait-il d'ailleurs? Il pourrait cependant vouloir en donner l'illusion), afin de rompre avec la position de «maître» et rendre la relation vivante. Pour cela, il faut que les rôles de formateur et de stagiaire «meurent» temporairement et que, partageant un même savoir, deux personnes échangent, se posent des questions et tentent de trouver une réponse comme le font des pairs. C'est un temps où formateur et stagiaire ont l'occasion d'apprendre sur le savoir commun ou sur son application. J'ai toujours dans ma poche un petit carnet où je note les idées partagées avec les sta-

.../...

> .../...
> giaires. Le savoir a alors une fonction de médiation car il permet à chacune des personnes de mobiliser son affectivité et son intelligence (Chappuis, 1986). Puis, cette phase clôturée – dans mon cas les stagiaires le savent car je range mon petit carnet –, chacun «renaît» dans son rôle : le formateur redevient formateur et le stagiaire, stagiaire.

Ce métier nécessite d'avoir si possible un bon équilibre personnel (et de se donner tous les moyens de le préserver), de suivre des stages de perfectionnement et d'appartenir à un groupe d'analyse de la pratique professionnelle. C'est un métier de rencontres, d'enrichissement personnel, complexe, de responsabilité; c'est le métier que j'aime exercer.

QUESTIONS

✓ Quel est le postulat qui vous a le plus interpellé?

✓ Lequel de ces postulats souhaiteriez-vous mettre en œuvre? Et de quelle manière?

✓ En quoi peut-il vous aider dans votre pratique?

Se présenter et faire connaissance

Une manière de gérer les conflits en formation de longue durée est de provoquer des situations où stagiaires et formateur(s) apprennent à se connaître de manière approfondie. La communication est alors plus authentique et chacun peut, avec plus de facilité, trouver sa place. On peut imaginer plusieurs temps de prise de connaissance, plus ou moins approfondis selon la nature du stage. Il faut cependant noter qu'en début de stage, se présenter aux autres dans un groupe n'est pas anodin. Les formateurs peuvent négliger cette phase et c'est dommageable pour eux[1] et pour les stagiaires. En effet, chaque membre se pose des questions : «Qui sont les autres? Serai-je à la hauteur? Qui est ce formateur? Que puis-je dire de moi qui soit «entendable» par les autres? etc.»

Comment caractériser un groupe d'adultes en formation?

Il s'agit d'un groupe restreint, caractérisé par :
– un but commun;
– des interactions suivies (verbales et non verbales) entre les membres, preuves qu'ils appartiennent bien au groupe (à la différence de personnes qui font la queue dans un magasin par exemple);

.../...

---

1. Je suis intervenu à mi-parcours dans un stage de technicien pour animer une séance où stagiaires et formateur ont fait plus ample connaissance. Il n'y avait pas eu de présentation «approfondie» au départ. Après la séance, le formateur référent a découvert que certains stagiaires étaient «bien plus sympas» que ce qu'il imaginait et «pleins de potentiel».

.../...
- un système commun de normes (des conduites autorisées ou à adopter);
- une répartition des rôles fonctionnels pour faciliter le travail et l'expression des sentiments;
- un réseau d'attraction et de rejet.

Les formations dont je parle ont un temps conséquent (plus de trois mois), ce qui génère une dynamique de groupe nécessitant des compétences spécifiques pour le formateur. De plus, un groupe d'adultes en formation est très hétérogène : les motivations ne sont pas les mêmes pour tous, chacun arrive avec son histoire de vie, son expérience professionnelle, son «cadre théorique», ses représentations sur le monde et sur les contenus de la formation, son niveau de compétence... En outre, les adultes ont besoin de règles sociales et les rapports de pouvoir entre eux, inévitables, seront à dépasser car la coopération est nécessaire pour apprendre. Enfin, il faut savoir que des sous-groupes apparaîtront si le nombre total de stagiaires est supérieur à douze. J'exposerai le développement du groupe en formation lors de la dernière démarche.

Ce questionnement inévitable lors de la constitution d'un groupe ne manque pas d'avoir une incidence sur la manière de se présenter et d'être perçu par le groupe. Aussi, après avoir expliqué le programme de formation, peut-on imaginer une séance de présentation différente du traditionnel «tour de table». Il existe d'autres méthodes.

Utiliser une technique pour se présenter et/ou faire connaissance

Un bilan des différentes[1] *méthodes pour se présenter et faire connaissance* est présenté dans le tableau ci-contre. Les techniques sont classées par ordre : de la moins «implicante» à la plus «implicante».

---

1. Plusieurs stagiaires-formateurs ont contribué à enrichir ce tableau.

Nom de la méthode	Procédure	Commentaires
Le tour de table	Chacun se présente à tour de rôle et répond à des questions posées au préalable : prénom, nom, scolarité initiale, projet...	Cette méthode est rapide mais la réponse obtenue peut être courte et pauvre; elle peut rapidement se standardiser. La communication n'est pas favorisée et la présentation risque de mettre certains en difficulté (ceux qui ont raté leurs études ou qui n'ont pas de projets...).
La présentation croisée	D'abord, le formateur négocie avec le groupe les éléments de présentation qui pourraient être partagés dans le groupe. Le formateur demande aux stagiaires de se mettre en binôme (A et B). A interviewe B et prend des notes. Puis c'est au tour de B d'interviewer A. Le formateur peut aussi demander aux binômes de se trouver un point commun. Une fois les interviews réalisées, B présente A au groupe, qui peut apporter une rectification ou un approfondissement et vice-versa.	Cette méthode facilite le contact car une partie de la présentation se réalise en binôme. De plus, elle procure un cadre sécurisant car on ne parle par directement de soi au groupe (c'est B qui présente A et vice-versa). Cependant, il y a toujours un risque d'interprétation lors de l'interview du binôme.
La présentation par enquête	Le formateur prépare des thèmes d'enquête (métier, études, formation, sport, etc.). Chaque stagiaire enquête sur un thème auprès de ces collègues afin de recueillir les informations. Une fois ce travail terminé, chaque stagiaire présente les éléments recueillis au groupe. Les participants posent des questions.	Cette méthode dynamique encourage des déplacements pour aller les uns vers les autres. Le choix des thèmes est tel que l'implication de chacun est modérée. Pour préparer les thèmes, le formateur doit avoir une connaissance du profil des nouveaux stagiaires.

.../...

.../...

Nom de la méthode	Procédure	Commentaires
La présentation avec objet	Chacun donne son prénom et son nom et présente un objet personnel en expliquant aux autres pourquoi il l'a choisi.	Cette méthode favorise un discours du stagiaire qui parle de lui de manière indirecte. L'objet permet aux auditeurs de fixer leur attention. Cet exercice est relativement rapide. Il peut cependant créer des résonances psychologiques (selon l'objet) plus ou moins agréables. Il faut veiller à ce que chacun choisisse avec attention un objet pour que la présentation soit riche et intéressante pour le groupe.
Info/intox	Pendant cinq minutes, chaque participant affirme trois choses comme vraies devant le groupe (mais seule une chose est vraie). Le groupe pose des questions pendant cinq minutes et vote pour déterminer s'il s'agit d'info ou d'intox.	On dit sous forme de jeu des choses sur soi qui pourront encourager la rencontre après le temps de présentation. La méthode est ludique et stimule la capacité à argumenter et maintenir un cadre devant un groupe. La méthode peut rappeler des jeux déjà vus à la télé. Elle peut être stressante et/ou interprétée comme une «apologie du mensonge».
La fiche prénom	Dans un premier temps, le formateur demande aux stagiaires de former des mots pour se caractériser en utilisant toutes les lettres de leur prénom. Ensuite, en groupe, le formateur demande de réunir tous ces mots pour en rédiger un texte. Enfin, on procède à un vernissage où chacun parle de son travail (des mots choisis et de leur place dans le texte), donc un peu de chacun et du groupe.	Cette méthode stimule l'imagination et l'écriture. Elle valorise le prénom et donc une partie de l'identité. Elle dit métaphoriquement que chacun a une place qui compte dans le groupe, comme tous les mots comptent dans le texte. Cependant, la présentation reste limitée aux lettres du prénom et les stagiaires peuvent rencontrer des difficultés liées à l'orthographe et au vocabulaire.

.../...

.../...

Nom de la méthode	Procédure	Commentaires
Le blason	Le formateur demande à chaque participant de dessiner sur une feuille de paper-board son blason. Le blason présente par exemple : l'état civil du stagiaire, son projet, son ancien métier, ses valeurs, ses loisirs… Une fois le blason réalisé, il est affiché. Lors du vernissage, chaque stagiaire présente aux autres son blason et donne des explications et/ou répond aux questions.	Cette présentation est relativement approfondie et utilise un support qui peut rester dans la salle de formation. Cependant, il faut suffisamment de temps pour la mettre en œuvre. Le côté «noble» ou «guerrier» peut déranger certains stagiaires.
Les questions d'inclusion	Le formateur pose quelques questions au groupe. Par exemple : «Comment allez-vous ce matin?», «Quest-ce qui fait que vous avez choisi cette formation?», «Avec quoi aimeriez-vous repartir à la fin de la formation?», etc. Après une réflexion individuelle préalable, les stagiaires répondent aux questions par écrit. Ensuite, chacun prend la parole quand il le souhaite, les autres l'écoutent en silence.	Cette méthode permet de laisser à chacun une grande liberté d'expression. De plus, utilisée régulièrement lors de la formation, elle permet de faire le point sur les difficultés d'apprentissage et le climat de groupe (cf. p. 91).
Le chapeau	Le formateur pose une question telle que : «Qu'est-ce qui est important pour vous dans la vie?» ou : «Quelles sont vos attentes dans cette équipe?» Les stagiaires écrivent la réponse sur un petit papier et la mettent dans un chapeau. Ils tirent les papiers et doivent deviner qui a écrit telle ou telle réponse.	Cette méthode très active où tout le monde cherche «qui a dit quoi» permet d'objectiver le niveau de connaissance que les stagiaires ont les uns des autres. Cette méthode ne peut être utilisée que si les stagiaires se connaissent déjà un peu.

.../...

.../...

Nom de la méthode	Procédure	Commentaires
Le photo-langage®	Le formateur rédige une consigne par écrit au tableau pour les participants. Par exemple : «Choisissez une ou deux photos qui vous représentent et que vous voulez partager avec les autres». Le formateur expose sur des tables (sans aucun commentaire) un jeu de photos. Les participants choisissent en silence sans prendre les photos auxquelles ils veulent répondre. Puis, chacun répond en prenant et en commentant la (ou les) photo(s) choisie(s).	On peut se fabriquer un «jeu de photo-langage» avec des photos d'un magazine type *Géo*. Attention : il ne faut pas utiliser des photos publicitaires; elles doivent «stimuler l'imagination» et non pas «orienter la pensée». L'utilisation de cet outil permet une présentation «en profondeur». On peut livrer son ressenti, il y a un sentiment d'authenticité très fort. Animer seul un «photo-langage» nécessite d'être expérimenté : il faut construire un cadre suffisamment sécurisant car les émotions peuvent être fortes.

Au fond, que signifie se présenter et faire connaissance ?

Faire connaissance sollicite trois niveaux

1. **Le niveau social.** On est en présence aux autres avec le corps (le soma), par la voix, la tenue corporelle (on dit quelquefois de quelqu'un qu'il «présente bien» pour souligner une tenue élégante), la différenciation sexuelle (homme ou femme), le choix des habits, le nom (enfants, dans la cour de l'école c'était la première chose que nous échangions pour faire connaissance), ou encore par l'âge (jeune ou d'âge mûr). On peut compléter le tableau en se présentant par les études suivies (ou par «la tristesse de n'avoir pas fait d'études»), la profession exercée ou son projet de formation. Ces informations, une fois échangées, en disent peu sur nous et peuvent alimenter le

jeu des représentations. Un tel a fait des études, alors il doit être beaucoup plus intelligent que moi... Ces représentations, si elles ne sont pas dépassées, peuvent entraver la connaissance des stagiaires entre eux ainsi que les niveaux de communication et de coopération.

2. **Le niveau psychologique** (la psyché). Dès que nous échangeons avec quelqu'un, nous comprenons qu'il a aussi une «psychologie» singulière : une intelligence, une mémoire, une imagination, une volonté, une affectivité, une relation au monde et aux autres; tous ces éléments le distinguent d'un autre. Parler de soi sur ces aspects nécessite un niveau de connaissance et d'acceptation de soi (voire quelquefois de renoncer à certains de ses comportements) qui est un plus pour être en relation avec les autres. On peut avoir beaucoup d'intelligence et ne pas avoir compris qu'imposer son point de vue finira par user la relation, ce qui est en soi un manque de connaissance de soi. Bien se connaître sous ces aspects ouvre d'autres perspectives de coopération.

3. **Le niveau ontologique** (le pneuma) dit qui est ce «Je», comment il participe à la communauté humaine. Se présenter au niveau ontologique, c'est expliquer sa mission parmi les hommes et le sens de sa vie. On peut s'inscrire dans la communauté humaine de différentes manières. En principe, l'adhésion à des valeurs idéologiques ou religieuses renforce le sentiment d'existence et d'orientation de vie. Échanger sur ce niveau est le dernier échelon de présentation de soi. Il requiert une conscience de soi. Cet échange est profond car il expose «notre vérité» mais aussi nos fragilités. Ce type d'échange, qui peut apparaître au cours de la formation et lors duquel chacun peut dire quels sont ses projets, qui il est, d'où il vient et l'assumer, permet de gagner en autonomie *(cf. supra «Une nécessaire affirmation de soi»)*. J'ai accompagné plusieurs anciens détenus en formation. Je les ai toujours invités à dire dans le groupe, lorsque c'était le moment (pour eux et le groupe), «d'où ils venaient» et quels étaient leurs nouveaux projets de vie. Voilà ce que m'a écrit l'un d'eux après la formation : *«J'ai trouvé un travail à mi-temps et j'ai de multiples*

démarches à faire pour mettre de l'ordre dans ma vie. Il me faut encore un peu de temps pour tourner la page. En tout cas, je suis heureux d'avoir vécu cette expérience («partager et déposer son secret» en for-mation et se sentir accueilli). *Elle me permet de recommencer ma vie sur de nouvelles bases. Il est très difficile pour un ex-détenu de se réinsé-rer et j'ai eu beaucoup de chance de vous rencontrer* [les stagiaires et les formateurs].»

Lorsqu'on se présente sur le niveau social, on dit le strict minimum. Parler de soi pour être mieux connu – et reconnu – nécessite d'aborder une des dimensions psychologiques et ontologiques. Parler de soi, c'est raconter son éducation et son parcours professionnel et personnel, et ce à quoi l'on croit pour nous et pour les autres. Nous devons assumer ces dimensions de nous-mêmes, et les autres ont aussi besoin de mieux nous connaître sur ces aspects pour que la coopération dans la forma-tion puisse se développer.

En formation de formateurs, j'utilise le type d'exercice suivant :

1. Les stagiaires et le(s) formateur(s) notent sur un post-it quelque chose qu'ils souhaitent partager avec les autres (chacun prend la res-ponsabilité de ce qu'il veut dire).
2. Le formateur relève les post-it.
3. Il lit à haute voix les post-it et demande qui a pu écrire cela.
4. Il note la ou les réponse(s) au tableau.
5. Une fois que tous les post-it ont été attribués, ils vérifient ensemble l'exactitude des réponses à la question : «Qui a pu écrire cela?» en demandant à chacun de dire ce qu'il a écrit.

Cet exercice permet à chacun de découvrir des aspects de l'autre et de soi. Certains peuvent être étonnés de ce que les autres découvrent alors qu'ils n'avaient jamais évoqué ce qu'ils ont noté sur le post-it. D'autres, au contraire, sont étonnés de ne pas être reconnus. Un temps d'expres-sion libre est proposé pour que ceux qui n'ont pas été reconnus puis-sent combler cet «écart». Toutefois, il ne faut pas que le formateur veuille «brûler les étapes»; il faut savoir prendre son temps pour faire connaissance.

Que favorise la formation en groupe?

Dans certaines conditions, le groupe permet à ses membres de mieux se connaître et de changer. Lewin et Lippit en 1946, lors de la formation d'animateurs à l'école d'État des instituteurs, ont découvert l'importance pour les stagiaires d'être confrontés à des données objectives sur leurs comportements et sur le vécu groupal pour changer. Depuis, des formateurs utilisent dans cette optique le résultat des travaux de Luft et Ingham : la fenêtre de «JOHARI». L'exercice que j'ai présenté en est une variante. Cependant, Anzieu et Martin (1994, p. 224) nous mettent en garde : «*L'expérience et la sagesse du moniteur, ainsi que la réceptivité et la permissivité des participants, sont indispensables à la réussite de ces entreprises.*»

Les stagiaires ressentent aussi le besoin de savoir «qui est ce formateur», lequel doit aussi se présenter. Lors de l'utilisation d'une méthode de présentation en début de stage, le formateur doit-il commencer ou non? La présentation doit-elle se poursuivre dans la formation? Faut-il favoriser, au moins au cours de la formation, une meilleure connaissance des personnes sur les dimensions psychologiques et ontologiques? Quelles peuvent être les méthodes employées pour cela?

Pour donner des pistes de réponses à ces questions, nous pouvons nous appuyer sur trois approches théoriques : l'étude du conformisme d'après Asch, la dialectique du Moi et de l'inconscient de Jung (1986) et les niveaux de développement d'un groupe (Schutz 2006), notamment les processus d'inclusion et d'ouverture. La question des méthodes pédagogiques sera traitée plus loin.

Lors d'une séance de présentation en début de formation, à quel moment le formateur doit-il se présenter ?

L'expérimentation de Asch (en 1952) permet d'envisager une réponse à cette question. Imaginez-vous dans une salle où sont placés 8 sièges en ligne. Vous occupez le 7e siège. Comme vos 7 collègues, vous voyez l'animateur montrer deux cartes : sur celle de droite il y a 3 bâtons de longueurs différentes numérotées de 1 à 3, et sur celle de gauche un seul bâton qui a la même longueur qu'un des trois bâtons de la carte de droite. Vous devez indiquer le numéro de bâton de la carte de droite qui a la même longueur que le bâton de la carte de gauche. Comme vous avez le siège n°7, vous parlez en avant-dernière position.

À la question de l'animateur, les personnes vous précédant répondent que la bonne réponse est le bâton n°3. À votre tour vous dites aussi que c'est le bâton n°3. Le «jeu» est plutôt facile. Puis, lors d'un «tour de chaises», alors que vous n'avez aucun doute sur votre choix, les personnes vous précédant donnent une réponse différente de celle à laquelle vous pensiez. Vous hésitez, vos mains sont moites, et vous vous ralliez à la réponse des autres. La 8e personne fournit la même réponse que vous et que ceux qui vous ont précédé. Vous êtes troublé… En réalité, toutes les personnes sont complices et donnent des réponses préparées, ce que vous ignoriez.

La plupart des personnes expérimentées (75 %) se rangent du côté de la majorité plutôt que d'affirmer ce qu'elles pensent. C'est ce qu'on appelle *le conformisme*. Les facteurs favorisant le conformisme sont : le désir d'être apprécié et accepté dans le groupe, une faible estime de soi, une timidité sociale, la taille du groupe (le conformisme est maximum pour huit personnes), la méconnaissance de la tâche ou encore le manque de soutien social d'autres collègues.

Il semble donc important, au moins au début de la formation (où le conformisme peut être à son maximum) que le formateur débute une présentation en utilisant la méthode qu'il souhaite voir adoptée par les autres. Il vaut mieux qu'il donne un modèle de présentation en commençant par lui-même. Le formateur sait où il veut en venir. Cette situation est préférable à celle qui laisserait un stagiaire «courageux» se présenter. Ce dernier risque de donner un modèle repris par les autres et qui ne corresponde pas à ce qui était prévu dans la séance de présentation. La présentation risquerait alors d'être trop «pauvre» et/ou inappropriée.

Faut-il privilégier – au moins à un moment de la formation – les niveaux psychologiques et ontologiques ?

En formation, lorsqu'un groupe se constitue et se développe, le formateur doit-il ou non faciliter ce processus d'individuation des stagiaires? Si oui, comment?

> ▶ *Une personne vit un processus d'individuation lorsqu'elle parvient à se singulariser tout en restant dans son groupe social de référence. Pour Jung, l'individuation concourt à se débarrasser des «fausses enveloppes» de la persona (le masque social). Cependant, Jung reconnaît la fonction positive de la persona dans les interactions entre soi et le monde. En effet, il faut aussi savoir garder son jardin secret.*

Il me semble qu'en formation de longue durée le processus d'individuation est à doser en fonction du public et des objectifs de la formation. En formation de formateurs par exemple, il m'a toujours semblé important que les stagiaires-formateurs puissent identifier, d'une part, ce qui pour eux est l'archétype[1] du formateur et, d'autre part, l'histoire qui les a conduits à ce métier. Nous les invitons à prendre conscience de leur rapport à l'école et au travail, des personnes qui les ont marqués et de partager cette découverte en groupe. Nous pensons ainsi les ame-

---

1. Pour Jung, les êtres humains partagent un inconscient collectif composé d'images primitives : le dieu tout-puissant, le jeune héros, le vieux sage, le frère belliqueux, la mère fertile…

87

ner à une redéfinition personnelle de ce qu'ils veulent être comme formateur et de l'assumer, sans pour autant en méconnaître le rôle attendu dans la société et les institutions. Ce processus de connaissance de soi est indispensable car si les formateurs ne savent pas qui ils sont, les stagiaires le percevront, au risque d'affaiblir leur action.

Dépasser les masques sociaux pour aller vers plus d'authenticité et une meilleure connaissance de soi en se livrant aux autres, passer d'une imago de groupe indifférenciée à une représentation mentale des autres, consciente et «vivante», voilà à quoi peut nous inciter la lecture de Jung.

> ▶ «Prototype inconscient de personnages» *construits dans la petite enfance, l'imago, représentation schématique, affective et inconsciente, oriente la manière d'être en relation avec autrui. Dans un groupe de formation, les stagiaires peuvent inconsciemment assimiler le formateur au «père protecteur», le groupe à la «mère nourricière» et leurs collègues stagiaires aux «frères ou sœurs» et développer des relations qui demanderont certainement à évoluer. Comme le soulignait Freud, le groupe familial constitue le prototype de base de tous les groupes. Berne a proposé un modèle d'imago de groupe qui évolue de l'indifférenciée (dans un groupe de formation il y a moi stagiaire, les autres et le formateur) au totalement différenciée (chaque personne est identifiée et peut être «affectivement» positionnée par rapport à soi). Il existe des comportements de groupe typiques en fonction de l'évolution de l'imago. Au départ, les membres du groupe identifient seulement le formateur par les comportements inhérents à son rôle. Ensuite vient le temps où les stagiaires échangent sur des «banalités» (comme à la pause). Puis des relations conflictuelles vont participer à différencier l'imago. La dernière étape est celle de l'authenticité où chaque membre en vient à «se raconter» et à accepter l'autre.*

Pour Schutz, les luttes de pouvoir que l'on observe dans un groupe ne sont que les symptômes d'autres phénomènes : le manque d'inclusion (le manque de contacts entre les membres du groupe) et d'ouverture (le manque de rencontres authentiques entre les membres du groupe). Une meilleure connaissance de soi permet aux individus de mieux s'inclure au groupe et de s'ouvrir aux autres pour pouvoir dire aussi ses peurs.

Le processus d'inclusion est nécessaire dans un groupe. En effet, chacun a le désir de recevoir des autres de l'attention, d'appartenir à un groupe et d'y être reconnu comme une personne unique. Comme Schutz le signale : un membre du groupe perçoit qu'il est unique dans un groupe quand un autre membre est suffisamment présent à lui pour qu'il découvre qui il est. Le début de la vie de groupe est essentiel. Lors du premier processus d'inclusion, chacun se présente à l'autre en cherchant quelle part de lui-même va intéresser l'autre. Dans le cas où un membre perçoit qu'un autre ne lui porte pas une attention suffisante, il peut décider de se retirer – ou de «trop en faire» pour chercher à être inclus. C'est au moment de la première inclusion (au début du groupe) que la personne prend une décision : soit elle entre dans le groupe, soit elle se met en marge et donne un contour au groupe par son exclusion. Il y a bien des chances alors qu'elle développe un comportement conflictuel envers le groupe. Cependant, ce premier processus d'inclusion ne doit pas mobiliser beaucoup d'émotions. Il faut simplement qu'il permette de dire : «Je suis là, je vous intéresse et je suis important.»

Agir sur le processus d'inclusion va déterminer, en partie[1], l'image qu'un individu a de lui-même dans le groupe et par un mécanisme de projection, l'image qu'il a des autres. Selon la nature de la projection, les sentiments envers les autres seront positifs ou négatifs. Pour améliorer les relations avec les autres, il est essentiel de prendre conscience de ce mécanisme de projection et des autres mécanismes de défense dont nous sommes reconnus pour être les «champions toutes catégories»[2]. Aussi, en situation de conflit, est-il bon de se poser trois questions : «Quelle est ma part de projections négatives sur l'Autre?», «Quelle est ma part de

---

1. En partie seulement car chacun des membres du groupe arrive avec son histoire (*cf.* première partie de l'ouvrage), sa personnalité, et l'imago de groupe «brouille» la perception que chaque membre à des autres.
2. L'expression est de Fabrice Clément (2007).

responsabilité personnelle dans le conflit dont je rends l'Autre responsable?» et «En quoi ai-je intérêt (bénéfices cachés, secondaires) à ce que cette situation perdure?». En effet, les conflits prennent souvent naissance en nous...

Comme Jung, Schutz nous invite à devenir conscients des forces qui nous dominent. En améliorant notre connaissance de nous-mêmes, nous nous donnons plus de chances d'établir des relations satisfaisantes avec les autres. De plus, au début de la vie du groupe, il est essentiel que le formateur favorise un climat d'intérêt mutuel entre les membres du groupe. Les personnes ressentent alors un fort sentiment d'importance, ce qui renforce l'ouverture aux autres et peut ainsi limiter les conflits. Lorsqu'il y a ouverture, les membres du groupe peuvent dire leurs peurs sans être jugés. J'ai connu des situations où un ou deux stagiaires ont généré un conflit dans le groupe pour, sans aucun doute, abaisser le niveau de travail. Quel était le bénéfice secondaire de ces stagiaires? Ils avaient peur de ne pas être à la hauteur et de se retrouver «largués»! Alors, ils freinaient la vitesse d'apprentissage du groupe. À partir du moment où ils ont pu le reconnaître, les formateurs et l'ensemble des stagiaires ont trouvé un moyen pour les aider. Perdant sa véritable raison d'être, le conflit a disparu.

En conclusion, le formateur doit se poser cette question :
la situation que je propose pour faire connaissance
est-elle adaptée aux objectifs de la formation ?

Si la réponse est positive, combien faut-il laisser de temps au groupe pour que l'imago se différencie et que les personnes vivent un processus d'individuation? La question du temps à donner au groupe est fonction du degré initial de connaissance de soi des personnes dans le groupe. Plus le groupe est mature sur ce plan, plus les situations proposées peuvent être «implicantes». Dans un stage de longue durée, centré sur l'insertion et/ou le projet, il me semble dommage que les stagiaires n'apprennent pas à mieux se connaître. Pour autant, il ne faut pas brusquer les choses; il est nécessaire de laisser le temps au temps. Il est possible d'utiliser une méthode de présentation peu «implicante», puis, le stage avançant, on peut en proposer une autre plus centrée sur la connaissance de soi, sur les niveaux psychologiques et ontologiques. Ensuite, le processus peut être relayé par des moments d'inclusion. Par exemple, tous les lundis matins, les stagiaires-formateurs répondent à quatre questions : «Comment allez-vous ce matin? Qu'avez-vous retenu de la semaine dernière? De quoi avez-vous besoin pour cette semaine? Que voulez-vous partager de personnel avec vos collègues?»

Une fois que tous les stagiaires se sont exprimés, le formateur prend à son tour[1] la parole pour répondre aussi à ces quatre questions. Petit à petit, les stagiaires percevant que leurs paroles sont accueillies sans jugement, le groupe se consolide et l'authenticité de chacun grandit. Puis, un jour, les stagiaires-formateurs deviennent eux-mêmes garants du processus d'inclusion du lundi matin. Alors, à tour de rôle, ils préparent les questions et régulent les interactions dans le groupe. Se présenter aux autres, c'est aussi apprendre à mieux se connaître soi-même.

─────────────── **QUESTIONS** ───────────────

✓ Utilisez-vous fréquemment une des méthodes présentées? Quel niveau (social, psychologique ou ontologique) privilégie-t-elle?

✓ Quelle nouvelle méthode pourriez-vous mettre en œuvre et à quel moment de la formation?

───────────────

1. Dans ce cas, et contrairement à la première séance de présentation où le conformisme est fort, je m'exprime en dernier.

DÉMARCHE 3

Poser un cadre de « protection » et établir des règles de vie

Lorsque j'étais formateur débutant, j'ai souvent été décontenancé par l'attitude de groupes ; au début de la formation, les stagiaires avaient tendance à se mettre dans la dépendance du formateur dont ils espéraient sans doute la «protection», comme celle d'un «bon père». Comment agir dans ce cas, d'autant plus que cette attitude groupale, que j'ai toujours observée depuis, vise la réduction de l'angoisse du début de vie du groupe ? En effet, le groupe en formation, comme tout groupe, *« rêve d'un chef intelligent, bon et fort qui assume à sa place les responsabilités »*[1]. Une des réponses du formateur est de poser et de tenir un cadre de protection pour le travail en groupe, cadre qui pourra être renégocié plus tard.

En quoi ce type de réponse participe-t-il à la prévention de conflit en formation ? Il permet de surmonter les crises en dépassant la situation conflictuelle, soit en se référant au cadre de protection, soit en redéfinissant de nouvelles règles. Ces actions participent à la régulation des échanges entre les stagiaires et à la prise de responsabilité de chacun.

---

1. D. Anzieu, *Le Groupe et l'Inconscient*, Paris, Dunod, 1996, p. 32.

Poser un cadre général
pour offrir une protection au groupe naissant

> **Pourquoi faut-il donner des règles de fonctionnement en groupe
> dès le début de la formation ?**
>
> Cette proposition s'inspire des travaux de Lewin consacrés aux étapes du
> développement affectif et de la maturité des petits groupes de discussion.
> Contre l'insécurité que représente le groupe naissant, les individus revê-
> tent spontanément leurs masques sociaux pour provoquer des comporte-
> ments prévisibles et donc rassurants (Mucchielli R., 2000). Poser un cadre
> protecteur, donne du «contrôle» sur les interactions des stagiaires et leur
> permet de «tomber les masques» un peu plus rapidement.

Pour limiter les «angoisses» des stagiaires en début de vie du groupe, le formateur doit assumer son rôle de leader[1] en posant dès le départ un cadre
général de fonctionnement pour le groupe. Ce cadre général offre une protection à chaque membre du groupe, y compris au formateur. Il peut être
ajusté après une phase de régulation dans le groupe. Les six règles[2] suivan-
tes posées en formation sont égales entre elles (il n'y en a pas une plus
importante qu'une autre) et permettent de confronter un membre du
groupe en cas de non-respect des règles (il faut vérifier que ces règles sont
compatibles avec le règlement intérieur de l'organisme de formation).

Assiduité et ponctualité

Chacun s'engage à être présent pendant l'ensemble de la formation
(sauf cas de force majeure). Chaque absence ou retard devra faire
l'objet d'une information au formateur et au groupe. Cette règle est
nécessaire pour créer les frontières du groupe et faciliter l'inclusion
(chacun des membres a de l'importance).

---

1. S'il ne le fait pas, il se pourrait qu'un stagiaire le fasse à sa place. Comment, dans ces conditions, pourra-t-il exercer son rôle ?
2. Ces règles sont à adapter en fonction des objectifs du groupe, du temps de formation, des
règles de l'organisme de formation, etc.

> **Pourquoi le formateur doit-il demander aux stagiaires de prévenir le groupe lorsqu'ils sont absents?**
>
> Bion (1991) donne des caractères de «santé» d'un groupe tels que la nécessité de prendre conscience de sa frontière, de la position de chacun des membres vis-à-vis des autres et de la capacité d'intégrer ou de perdre des membres. À propos d'absence dans un groupe qu'il encadrait, voilà ce qu'il disait : *«J'ai tendance à croire qu'à ce moment les vrais meneurs du groupe ne sont pas dans la salle, car ce sont des membres absents, et ceux-ci paraissent non seulement mépriser le groupe, mais aussi exprimer leur mépris par leur absence. Les membres présents ne font que suivre.»* Aussi, pour éviter cette situation en formation, il est nécessaire de demander aux membres absents de se «manifester» pour que la frontière soit bien claire : ils sont momentanément absents physiquement dans le groupe, mais «présents» comme membres du groupe.

Une responsabilité partagée

Le formateur a la responsabilité de proposer des situations d'apprentissage adaptées aux besoins des stagiaires et aux objectifs de la formation. Les stagiaires sont partie prenante de leur réussite en formation et s'engagent à s'investir dans les différentes situations proposées. Il s'agit de limiter la relation de dépendance entre le formateur et les stagiaires. Cette règle est en lien direct avec le postulat n°3 exprimé dans la démarche 1.

Réactivité et vérité

Chacun (formateur compris) s'engage à dire[1] ce qui lui convient ou non à propos de la formation et des relations dans le groupe. Cela permet de

---

1. En usant de précautions oratoires : chacun parle en position «je» et sans mettre en cause les autres (présents et absents). C'est lors d'une supervision avec Louis Schorderet que j'ai appris cela. Cette position «je» demande un peu de courage. Cependant, *«tout participant doit s'exprimer sous peine de s'entendre dire que s'il ne veut pas être la victime des situations, il faut qu'il accepte d'en être un acteur, même partiellement»* (Schorderet, 1999, p. 68). Néanmoins, pour que l'expression prenne un sens, il faut que les membres du groupe aient la capacité d'accueillir ce qui est dit. C'est au formateur de montrer la voie.

faire exprimer ce qui était non dit (les «bruits de couloir» par exemple) dans le groupe et de le traiter, ce qui favorise la responsabilité et le développement de l'autonomie de chacun des membres du groupe.

La confidentialité

Chacun s'engage à ne pas communiquer ou utiliser à l'extérieur du groupe des situations vécues ou rapportées par les membres du groupe. De même, si un stagiaire évoque une situation vécue à l'extérieur du groupe (dans une entreprise par exemple) on lui demandera de ne pas citer d'éléments d'identification de celle-ci. Cette règle permet de renforcer la frontière du groupe et de favoriser la mise en confiance de chacun pour traiter en formation des situations délicates.

Le respect

Le groupe est un lieu d'expérimentation des comportements en groupe, des savoir-faire relationnels, des «chemins et détours d'apprentissage» au service du développement des compétences. Cela signifie que chacun, momentanément, pourra se trouver et donc se montrer en difficulté. C'est pourquoi il est nécessaire que chacun s'engage à être vigilant sur son comportement (moquerie, jugements de valeur…) vis-à-vis des autres membres du groupe. Nous avons vu dans la première partie de l'ouvrage qu'une bonne ambiance constitue une ressource pour que les stagiaires puissent apprendre des conflits socio-cognitifs.

La convivialité

Pour «alimenter» la pause, chacun amène de temps en temps (selon ses moyens et ses envies) quelque chose à partager entre tous. Le premier jour, le formateur montre l'exemple. La convivialité participe aussi de la bonne ambiance du groupe.

Une fois ce cadre de travail posé, les stagiaires pensent souvent que discuter des règles de vie est devenu superflu et qu'ils pourront se débrouiller sans, parce qu'ils sont «adultes»[1]. Dans la pratique, c'est autre chose! C'est pourquoi il me semble important de poursuivre ainsi : dans un premier temps, j'amène les stagiaires à réfléchir sur la nécessité de construire des règles de vie en commun. Nous en discutons (cette discussion est présentée un peu plus loin). Puis je présente une méthode de coproduction des règles de vie. Ces dernières seront rédigées afin que chacun puisse s'y référer dès le lendemain et... par la suite les modifier.

Coproduire des règles de vie[2]

Les règles de vie «s'alignent» sur les six règles du cadre général. Coconstruire ces règles de vie revient à discuter (stagiaires et formateur) sur «ce sur quoi nous sommes d'accord» concrètement aujourd'hui pour vivre cette formation ensemble en respectant le cadre général.

En utilisant un tableau croisant, d'une part, convivialité, relations dans le groupe, relations extra-groupe et, d'autre part, permission dans le groupe (ce que l'on peut faire) et protection dans le groupe (ce que l'on ne doit pas faire), le formateur demande aux stagiaires de renseigner le tableau. Proposé assez tôt dans la formation, ce tableau met à jour des «habitudes» qui pourraient vite entraver l'évolution du groupe. Par exemple, si les stagiaires ont tendance à se couper la parole lors des

---

1. C'est-à-dire : «Autonomes, motivés, responsables, équilibrés...» J'ai montré en première partie que la réalité n'est pas aussi «idyllique».
2. Pourquoi j'insiste sur le mot «vie»? Les règles, même négociées dans un groupe, ne sont valables que pour un temps. Ensuite elles meurent. En effet, le groupe évolue et les règles doivent suivre. Après un temps de formation, il se peut que des stagiaires montrent quelques signaux de «mécontentement» qui doivent alerter le formateur. S'il s'avère que les règles ne sont effectivement plus adaptées, il faut les rediscuter en groupe à partir des nouvelles propositions des stagiaires «mécontents». Elles redeviendront alors vivantes, si le véritable problème était bien celui-ci.

temps de mise en commun, c'est un signe qu'il est temps de formaliser des règles de vie.

Exemple de règles de vie en formation de formateurs

Règles de vie	Convivialité	Relations intra-groupe	Relations extra-groupe
Permissions : ce que l'on peut faire dans le groupe.	Café : chacun apporte soit en espèces soit en nature des dons pour alimenter la réserve. On fait un repas à chaque fin de module. On partage les informations culturelles (ce qu'il y a à faire, à voir dans la ville…).	On fait la liste des coordonnées du groupe qui sera communiquée à chacun. On respecte l'espace vital de chacun. On propose ou on demande de l'aide si besoin. On signale les fautes d'orthographe des collègues avec bienveillance. On s'encourage mutuellement. On respecte nos différences. Les formateurs peuvent utiliser les situations vécues dans le groupe dans une finalité pédagogique. On assume la responsabilité de la gestion des ressources (informatique, multimédia, livres…).	On reste ouvert aux autres et l'on se concerte si l'on a une décision à prendre qui engage le groupe à l'extérieur.
Protections : ce que l'on ne doit pas faire dans le groupe.	Si on salit la salle, on ne la laisse pas en l'état. On prend en charge son nettoyage et celui des tables.	Ne pas laisser les portables allumés. Ne pas couper la parole aux collègues. Ne pas porter de jugements de valeur sur les autres. Ne pas «dire par-derrière». Éviter les apartés.	Ne pas divulguer à l'extérieur des informations partagées en confiance dans le groupe.

Renégocier les règles

Le groupe a un temps suffisant de vie commune, et des signes de «mécontentement» de fonctionnement en groupe sont perceptibles. Les règles (le cadre protecteur et/ou les règles de vie) ont certainement besoin d'évoluer; elles sont moribondes, il faut leur redonner vie.

Pour ce faire, on peut procéder[1] de la manière suivante en posant des questions auxquelles les stagiaires vont répondre sur des post-it de couleurs :

1. «Quelles sont les règles (implicites et explicites) qui existent entre nous et que je veux garder?» Post-it vert.

2. «Quelles sont les règles que je souhaiterais nous voir abandonner?» Post-it orange.

3. Enfin, chacun répond à la question : «Quelles sont les nouvelles règles qui me semblent indispensables?» Une règle par post-it bleu.

Le formateur invite ensuite les stagiaires à rapprocher ces éléments des règles de vie précédemment écrites pour trouver un nouvel accord. Une fois cet accord trouvé, stagiaires et formateur remanient les règles de vie en vérifiant que le cadre général de groupe et le règlement interne du centre de formation sont respectés[2].

Pourquoi est-il nécessaire de poser des règles et de les (re)négocier?

Pour vivre en société, nous avons besoin de repères communs et de mettre de l'ordre là où il y a le chaos. Dans notre culture, par exemple, nous sommes convenus de donner une mesure au temps en partageant l'année en 365 jours, la journée en 24 heures, l'heure en minutes, etc. C'est bien pratique pour se donner rendez-vous. Ainsi, pour vivre ensemble, nous nous sommes mis d'accord sur une définition, ici le

---

1. Cette démarche s'inspire de celle enseignée par Serge Eskenazi (JBS coaching).
2. Il est interdit, par exemple, d'apporter de l'alcool en formation.

temps. Il en va de même pour l'espace, les choses, les relations, etc. Nous sommes donc contraints de symboliser le «monde» qui nous entoure pour en construire une représentation partagée : la réalité.

Le terme de symbole vient du grec *sumbolon*, c'est-à-dire un *«objet coupé en deux constituant un signe de reconnaissance quand les porteurs pouvaient assembler les deux morceaux»* (Le Petit Robert). Dans l'Antiquité, lorsque deux familles grecques faisaient alliance, elles partageaient un objet. Si, deux générations plus tard, les petits-enfants se rencontraient et pouvaient assembler les deux morceaux de l'objet, ils se devaient hospitalité.

> ▶ *Le symbole, c'est donc un signe qui dit «sur quoi nous nous sommes mis d'accord»[1]. Lorsqu'on écrit : «Les gâteaux sont sur la table», nous sommes tous d'accord pour comprendre de quoi nous parlons. Le mot «table» a été choisi arbitrairement, on aurait pu donner un autre mot pour désigner la même chose; ce qui est important, c'est que nous soyons tous d'accord pour employer ce symbole pour désigner la même réalité afin de nous comprendre.*

De manière plus générale, pour comprendre, expliquer et/ou agir sur le monde, nous utilisons des symbolisations particulières : des connaissances scientifiques, de société, des techniques et des règles sociales. Cependant, ces connaissances, techniques et règles, ont un statut particulier : elles ont été discutées dans la communauté (un «nous» scientifique, social ou technique), sont mises à l'épreuve et connaîtrons leurs limites en étant un jour confrontées à ce que Dejours (1995) nomme le réel.

Dans un groupe en formation, au départ tout le monde tombe rapidement d'accord pour que la pause dure 15 minutes. C'est la «réalité partagée» du groupe. Cependant, au fil du temps, cet accord va être

---

1. L'expression est d'Alain Boyer (2002).

mis à l'épreuve du «réel» : le temps de pause s'allonge : certains ont besoin de plus de temps pour passer des coups de fil importants, d'autres ont besoin d'une pause plus longue car la charge mentale en formation est «trop forte», d'autres encore ont besoin d'un café et font la queue à la machine... Ceux qui repectent le temps de pause ne comprennent pas ceux qui ne le respectent pas, les relations se tendent... C'est la crise.

La crise, signe qu'une renégociation s'impose

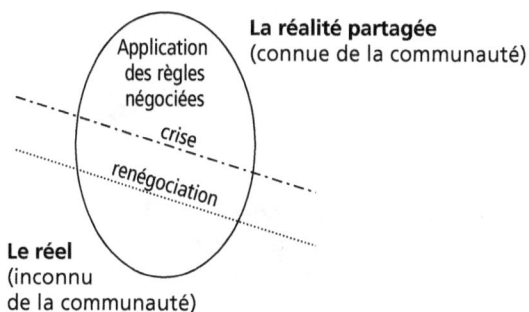

> La crise, c'est ce moment où l'on perçoit – par le corps et les émotions – le réel, alors que nous n'avons pas à disposition de concepts pour le nommer, le comprendre et/ou l'expliquer dans la communauté[1]. C'est vrai en recherche, mais aussi dans les relations humaines où les crises peuvent être violentes.

1. Au départ, tout le monde est d'accord pour une pause de 15 minutes. C'est la réalité partagée.

2. Cet accord est mis à l'épreuve du «réel» : les stagiaires ont des besoins différents et le temps de pause s'allonge. certains ne comprennent pas... C'est la crise.

3. Le formateur doit nommer et/ou faire nommer ce qui se passe et renégocier des règles de vie (peut-être la renégociation portera-t-elle sur un autre sujet que le temps de pause).

4. Une fois les règles renégociées, la nouvelle réalité partagée a conquis une part du réel : chacun a pu dire et reconnaître ses propres besoins et ceux des autres.

Expliquer, discuter et formaliser un cadre de protection et des règles de vie, c'est donner des bases au groupe pour dépasser un moment de crise. C'est élaborer un «ce sur quoi nous sommes d'accord pour travailler et vivre ensemble pendant X heures par jour et X mois durant». C'est se donner la possibilité de négocier, voire de renégocier, une réalité de groupe.

QUESTION

✓ Si vous utilisez déjà une méthode d'élaboration des règles de vie dans un groupe en formation, que pourriez-vous modifier à la lecture de la démarche proposée ?

---

1. Pour s'en convaincre, on pourra se référer au texte de Sigaut (2004). À partir du moment où un membre d'un groupe ne peut pas (ou ne «veut» pas) partager avec les autres ce qu'il vit ou perçoit du réel, il devient aliéné. Être aliéné, étymologiquement, c'est être coupé du réel et on peut l'être de trois façons différentes : par aliénation mentale (le sujet est coupé du réel et de la communauté), par aliénation sociale (le sujet est en contact avec le réel et sa «réalité» est rejetée par la communauté) et par aliénation culturelle (la communauté se «cache» une partie du réel à l'aide d'une culture devenue obsolète).

Recourir
aux méthodes pédagogiques

Peut-on prétendre former sans utiliser les méthodes pédagogiques? Non, parce que l'acte de formation requiert que le formateur maîtrise deux types de savoirs : des «savoirs à enseigner» et des «savoirs pour enseigner». Les méthodes pédagogiques sont des «savoirs pour enseigner» qui ont été développés par les formateurs pour créer les meilleures conditions d'apprentissage possibles. C'est d'ailleurs une des premières demandes des stagiaires-formateurs débutants que de connaître ces méthodes.

En quoi la maîtrise des méthodes pédagogiques participe-t-elle à la gestion de conflit en formation? Lors d'une séquence, les stagiaires vivent plutôt l'effet des méthodes, qu'ils trouvent adaptées, vivantes ou non. Les méthodes pédagogiques présentent donc ce «tiers médiateur» nécessaire entre le stagiaire et le formateur pour qu'on reste encore dans le champ de la formation, surtout si les savoirs à acquérir par les stagiaires sont de type relationnel (dans les formations de type psychosocial). Pour le stagiaire, avoir la possibilité de remettre en cause les méthodes, ce tiers, n'est pas la même chose que de remettre en cause le formateur. Il en va de même pour le formateur vis-à-vis du stagiaire. Le formateur peut toujours remettre en cause l'emploi d'une méthode avant de douter de la capacité d'apprentissage du stagiaire. C'est mieux ainsi.

L'introduction de ce tiers entre le stagiaire et le formateur repousse donc le risque de conflit. Le formateur peut toujours faire varier les méthodes et les adapter, s'il sait écouter les stagiaires…

Méthode et typologie de savoirs

Étymologiquement, le mot «méthode» est formé à partir du grec *méthodos* qui signifie «direction qui mène au but». En formation des adultes (Afnor NFX50-750) la méthode est un ensemble de démarches formalisées et appliquées suivant des principes définis pour acquérir un ensemble de savoirs conforme aux objectifs pédagogiques. On peut classer les savoirs ainsi (Le Boterf, 1997) :

1. Les **savoirs théoriques** sont des «savoir que…». Par exemple, savoir que les noms prennent un «s» au pluriel, que U = RI, ou qu'il existe 365 sortes de fromages en France.

2. Les **savoirs procéduraux** sont des «savoir comment faire fonctionner». Ces savoirs, qui sont bien présents dans le monde technique (savoir comment faire fonctionner une machine), existent aussi dans d'autres domaines (savoir comment faire fonctionner la machine «accorder les participes passés avec l'auxiliaire avoir»). Ils peuvent se présenter sous forme d'algorithmes.

3. Les **savoirs d'environnement**, tels que les règlements, la culture d'entreprise, le style de management, les codes sociaux sont ces savoirs qui permettent à un commercial d'adapter son discours à un client.

4. Les **savoir-faire formalisés** représentent l'utilisation de méthodes, de procédures, d'appareils de mesures, etc. Ils sont à différencier des savoir-faire empiriques : savoir-faire tirés de l'expérience après avoir appliqué les savoirs procéduraux. Ces savoir-faire sont assez mystérieux, ils sont mis en évidence lorsque le professionnel rencontre une situation pour laquelle la seule application de la procédure ne suffit plus.

5. Les **savoir-faire relationnels** sont des savoirs pour coopérer efficacement dans une équipe, quelles que soient les situations rencontrées. L'écoute est un de ces savoir-faire.

6. Les **savoir-faire cognitifs** sont les opérations intellectuelles spécifiques effectuées pour analyser, synthétiser, inférer, concevoir...

Concrètement, en «ingénierie de formation», les compétences attendues chez les stagiaires (définies par l'objectif de formation) sont décomposées en une liste de savoirs recomposés selon une logique d'apprentissage (par exemple du plus simple au plus complexe souvent à l'aide d'une taxonomie d'objectifs pédagogiques). Cette recomposition ou cette manière de présenter les savoirs aux stagiaires et de les amener à les acquérir, c'est la méthode pédagogique.

Utiliser à bon escient les différentes méthodes pédagogiques

Au pied du mur, le formateur doit décider de la méthode pédagogique à mettre en œuvre. Il choisit généralement sa voie parmi quelques grands types de méthodes (Goguelin, 1975; Bazin, 1994; Dennery, 1999) : «expositive», «interrogative», «de la découverte» et «active». Le choix va s'effectuer selon différentes variables : le type de savoirs ciblés, les prérequis des stagiaires sur le sujet traité, les contraintes de temps, etc.

Méthodes et postulats	Commentaires	Savoirs favorisés par la méthode et aides pédagogiques associées
Les méthodes affirmatives		
– La méthode expositive		
Le formateur expose, les stagiaires écoutent. Les conférenciers, les professeurs qui donnent des cours magistraux utilisent en général ce type de méthode. *Le formateur détient le savoir. Ce savoir est accessible au stagiaire s'il écoute bien l'exposé. Le stagiaire a tout à apprendre.*	*La méthode expositive* permet de présenter un exposé dans lequel les idées sont expliquées et ordonnées de façon rigoureuse. Dans un exposé bien mené, il y a une progression pédagogique. Cette méthode est adaptée à des publics n'ayant pas de connaissances sur le sujet traité par le formateur. De plus, elle permet une parfaite maîtrise du temps. Cependant, cette méthode ne vise pas le développement de l'autonomie des stagiaires : ils ne prennent pas d'initiatives et peuvent rester sur leurs représentations. Enfin, la mémorisation et la compréhension restent faibles (sauf si l'orateur a un grand talent!).	*La méthode expositive* est adaptée pour faciliter l'acquisition de bases de savoirs théoriques, procéduraux et d'environnement. Les aides pédagogiques associées à cette méthode sont le tableau, le rétroprojecteur, le vidéo-projecteur et la visioconférence, etc.

.../...

.../...

Méthodes et postulats	Commentaires	Savoirs favorisés par la méthode et aides pédagogiques associées
Les méthodes affirmatives (suite)		
– La méthode démonstrative		
Le formateur montre un geste; les stagiaires regardent et le reproduisent. *Le formateur détient le savoir pratique. Il répète ou montre de nouveau car la mémorisation est essentielle. Le stagiaire a tout à apprendre.*	*La méthode démonstrative* est utile pour un stagiaire débutant l'apprentissage d'un geste technique. Néanmoins, il existe toujours un risque «d'enfermement» dans l'imitation du geste du formateur. Aussi, faut-il favoriser l'autonomie du stagiaire afin qu'il puisse élaborer ses propres gestes techniques. Dans le cas contraire, il y a un risque de «taylorisation de la formation» et de perte de sens du geste technique; ce qui risque, par la suite, de limiter ses facultés d'adaptation à d'autres situations professionnelles (changements de machines, imprévus, etc.).	*La méthode démonstrative* peut être adaptée pour l'assimilation des savoirs procéduraux et d'environnement. Les aides pédagogiques associées à cette méthode sont des machines de production, des outils et des matériaux professionnels, des postes de travail, etc.

.../...

.../...

Méthodes et postulats	Commentaires	Savoirs favorisés par la méthode et aides pédagogiques associées
	La méthode interrogative	
Le formateur explique, pose des questions. Le stagiaire répond et le formateur valide ou tente de rectifier en posant d'autres questions. *Le formateur détient le savoir théorique ou pratique. Le stagiaire, qui possède une part du savoir présenté, va apprendre en découvrant d'autres aspects de ce savoir grâce aux questions du formateur. Le savoir est appris lorsqu'il est bien compris.*	*La méthode interrogative per*met au formateur de connaître les représentations et acquis des stagiaires sur le sujet traité. En cas de difficulté d'apprentissage, elle permet également de remonter à la source de l'erreur pour apporter aux stagiaires des remédiations adaptées. Elle peut être dynamique lorsqu'elle génère des débats enrichissants. Cette méthode peut être employée en début de séance pour tenir compte des représentations des stagiaires. Cette collecte des représentations permet au formateur de situer (restituer) l'objectif, de revenir sur les changements de représentations des stagiaires en fin de séance (évaluation des acquis) ou de repérer des personnes ressources. Cependant, la structuration des connaissances peut être faible et la gestion du temps est difficile. Il peut aussi ne pas être évident de faire participer équitablement tous les stagiaires. Il faut noter qu'il y a toujours un risque de manipulation du côté du formateur qui, par l'orientation des questions, peut chercher (parfois inconsciemment) à obtenir les «bonnes réponses».	*La méthode interrogative* est adaptée pour l'acquisition de savoirs théoriques, procéduraux, d'environnement et cognitifs. Les aides pédagogiques associées à cette méthode sont le paperboard et les outils de type «Métaplan®». Enfin, les tables sont disposées en «U» pour favoriser les échanges.

.../...

.../...

Méthodes et postulats	Commentaires	Savoirs favorisés par la méthode et aides pédagogiques associées
	La méthode de la découverte	
Le formateur propose une étude de cas ou une situation problème, et les stagiaires recherchent une solution avec l'aide du formateur. La méthode de la découverte peut comprendre quatre phases pour guider les stagiaires : une phase de repérage des éléments de la situation pédagogique proposée; une phase d'analyse de ces éléments et de leurs interactions; une phase d'actions; et une phase de vérification des résultats obtenus. Selon le résultat obtenu par les stagiaires, le formateur invite ces derniers à reprendre l'une des phases précédentes. *Le formateur quitte une position de maître, bien qu'il maîtrise les savoirs théoriques ou pratiques à découvrir par les stagiaires. Le savoir n'est appris que si ce dernier conduit lui-même sa formation par essais et erreurs.*	*La méthode de la découverte* vise une aide ou remédiation pendant ou après le travail personnel du stagiaire. Le formateur peut aménager l'étude de cas ou la situation problème en la découpant en quatre phases qui guideront les stagiaires. Cette méthode est adaptée pour l'acquisition de compétences complexes qui sont mobilisées dans les situations dans lesquelles il n'existe pas une seule réponse : méthode de dépannage, conception de machines, communication professionnelle... La découverte d'une solution par un stagiaire stimule la réflexion du groupe et la mémorisation. La préparation d'une étude de cas peut s'avérer complexe (il faut partir d'un cas réel et lui donner une valeur pédagogique en lui laissant certains traits pertinents : simulateur, simulation, jeu de rôles...). De plus, cette méthode peut dérouter les stagiaires de faible autonomie, en difficulté ou qui n'ont pas suffisamment de prérequis.	*La méthode de la découverte* peut être adaptée pour l'assimilation des savoirs procéduraux, d'environnement, théoriques et de savoir-faire. Les aides pédagogiques associées à cette méthode sont des simulateurs ou machines, des études de cas, des jeux de rôles, des exposés conduits par les stagiaires et proposés au groupe.

.../...

.../...

Méthodes et postulats	Commentaires	Savoirs favorisés par la méthode et aides pédagogiques associées
La méthode active		
Le formateur propose aux stagiaires de résoudre un problème en se posant, lui, comme animateur du processus d'apprentissage (questions, débats, démarche exploratoire, recherches, recours à d'autres ressources que celles disponibles en formation…). *Le formateur n'est plus en position de maître et ne possède pas forcément le savoir à découvrir par les stagiaires. Il propose une structuration du travail et facilite les échanges. Le savoir n'est acquis que si le stagiaire apprend par sa propre activité, en s'engageant dans un groupe coopératif et en conduisant son travail jusqu'à son terme.*	*La méthode active* vise à développer l'autonomie des stagiaires ainsi que leur capacité d'innovation et de résolution de problème. La participation des stagiaires et la richesse des échanges favorisent les stratégies de coopération entre eux, y compris avec les «plus faibles». Elles démythifient le rôle du formateur en tant que maître. Cependant, cette méthode nécessite souvent des moyens : du temps, de l'espace (pour les travaux en sous-groupes par exemple). Elle est vouée à l'échec si les stagiaires n'ont pas suffisamment de prérequis sur le sujet à traiter et/ou d'expérience. Elle nécessite un climat de groupe favorable dans lequel il y aura eu un apprentissage du travail en commun. De plus, elle pourrait s'avérer dangereuse sur une machine ou un chantier-école par exemple. Enfin, elle nécessite une bonne maîtrise par le formateur de la communication lors de régulations psychoaffectives (cf. exemple ci-contre).	*La méthode active* peut être adaptée pour l'acquisition des savoirs théoriques, cognitifs, procéduraux, d'environnement et de savoir-faire relationnels. Elle est particulièrement adaptée pour les stagiaires qui auront, en situation professionnelle, à prendre des responsabilités. Les aides pédagogiques associées à cette méthode sont un projet précis et à réaliser en groupe (pour lequel les stagiaires auront forcément à collaborer).

Faut-il privilégier une seule méthode ?

A priori non, même si, comme on vient de le voir, l'une va dominer en fonction du type de savoirs ciblés, des prérequis des stagiaires pour aborder le sujet traité, des contraintes de temps ; la règle de base est de faire varier les méthodes et de déterminer comment les articuler en fonction des besoins des stagiaires.

Prenons un exemple en formation de cuisine. Si l'objectif pédagogique est de réaliser une tarte aux pommes, on pourra imaginer un début *en méthode expositive* pour présenter l'objectif et le déroulement de la séquence. Ensuite, on poursuivra *en méthode interrogative* en posant des questions du type : avez-vous déjà mangé (et/ou réalisé) des tartes aux pommes ? Quelles recettes connaissez-vous ? Lorsque l'ensemble des stagiaires se sera exprimé, on pourra, selon leurs acquis, poursuivre de différentes manières, soit :

1. En méthode démonstrative : le formateur donne la recette et fait une démonstration des différentes étapes de sa réalisation en proposant aux stagiaires de reproduire ces étapes au fur et à mesure.

2. En méthode de la découverte : le formateur présente la tarte aux pommes réalisée, la fait goûter et demande aux stagiaires de retrouver la recette qu'il a utilisée, avant de passer à l'étape de réalisation. Pour cela, il guide leur réflexion, lorsque la recette a été écrite en commun, il leur propose de passer à la pratique qui sera elle-même guidée par le formateur.

3. En méthode active : le formateur pose la tarte aux pommes sur la table en disant aux stagiaires : «Goûtez ce plat et réalisez la même chose.» Le formateur indiquera les ressources à disposition (temps, livres de recettes, vidéos, personnes expérimentées dans le groupe...) et laissera les stagiaires s'organiser entre eux (en sous-groupes par exemple) tout en étant attentif à ce qui se passe, en prodiguant des encouragements, en donnant des permissions... Au terme de la séance, un temps sera consacré au retour d'expérience des stagiaires :

comment ils ont vécu ce travail, quelles difficultés ils ont rencontrées et comment ils les ont surmontées, ce qu'ils ont appris... À ce moment, le formateur prend toute sa place de pédagogue en se centrant sur le processus d'apprentissage vécu par les stagiaires (plus que sur le résultat obtenu) : il fait expliciter, il aide les stagiaires à transformer leur vécu (qui n'est pas forcément agréable) en expérience mobilisable dans d'autres situations professionnelles. Si les stagiaires sont frustrés par cette expérience, il peut éventuellement reconnaître que la méthode n'était pas complètement adaptée à leurs besoins en proposant par exemple une démonstration détaillée (retour à la *méthode démonstrative*) de la fabrication de la pâte feuilletée que les stagiaires ne maîtrisaient pas suffisamment.

À la fin de cet exemple, on voit l'intérêt d'avoir eu recours à différentes méthodes pédagogiques :

- Le stagiaire a pu identifier qu'il était en difficulté parce qu'à un moment de la situation il ne maîtrisait pas suffisamment un savoir-faire, il a pu faire la demande au formateur (qui a accepté de remettre en cause sa méthode) de reprendre un point (la réalisation de la pâte feuilletée) en passant par une autre méthode. Cela a évité aux stagiaires d'en vouloir au formateur et de générer un conflit vis-à-vis de sa personne.

- Le formateur a pu écouter (et même accueillir) tout ce que les stagiaires avaient à dire (y compris les critiques négatives). Dans cet exemple, en choisissant cette méthode, il avait postulé que les stagiaires maîtrisaient tous les savoir-faire pour réaliser la tarte aux pommes. Or, ceux-ci se sont sentis en difficulté devant l'obstacle «pâte feuilletée» qu'ils n'avaient pas les moyens de dépasser. En utilisant cette méthode, le formateur leur avait dit implicitement : «Je ne suis pas le maître, le savoir est chez vous.» Si dans ce groupe, les stagiaires n'avaient pas pu s'exprimer sur leur vécu et être écoutés par le formateur (régulation psychoaffective), ils auraient pu penser : «Le formateur nous a piégés et il nous laisse tomber, nous sommes incapables de nous débrouiller.» Ce qui, bien sûr, aurait risqué de compromettre leur apprentissage et la qualité de la relation formative.

───────── **QUESTIONS** ─────────

✓ Quelles sont les différentes méthodes que vous employez lors d'une séance ou d'une journée de formation?

✓ Faites-vous varier les méthodes ou avez-vous tendance à en privilégier une? Choisissez-vous vos méthodes en fonction des types de savoirs que les stagiaires doivent acquérir, du temps que vous estimez nécessaire, des prérequis du public, de votre besoin de vous rassurer[1] en vous appuyant sur des contenus que vous maîtrisez? Que pourriez-vous changer?

✓ Prenez-vous le temps de discuter avec les stagiaires quand vous percevez que vous êtes «passé à côté» et que vous auriez dû utiliser une autre méthode?

© Groupe Eyrolles

─────────

1. Lorsque, pour une intervention courte, je découvre un groupe de stagiaires, j'arrive avec une boîte remplie de classeurs... que je n'utilise pas. Ils ont pour fonction, c'est évident, de me rassurer, comme l'objet transitionnel, le «doudou», procure une base de sécurité aux enfants.

Instaurer une forme de communication spécifique lors de l'évaluation

En formation, on parle souvent d'évaluation, terme récent qui s'est petit à petit substitué dans le langage à celui de notation pour rendre compte de la complexité de l'acte de noter. Dès le début du XXe siècle, Binet inaugure la docimologie, terme[1] proposé par Pièron pour désigner l'étude des systèmes de notations des examens et des comportements des évalués et des évaluateurs. Récemment, dans l'académie de Lille, alors que le niveau de réussite au baccalauréat était inférieur à la moyenne nationale, on y préleva au hasard une centaine de copies. Ensuite, on les proposa à des jurys d'autres académies. Après correction des copies, des écarts maximums de notation des copies de 1,31 point furent constatés. Cet écart, multiplié par le jeu des coefficients, explique qu'il est plus facile d'obtenir le baccalauréat dans d'autres académies[2] qu'à Lille (Hadji, 1997). Évaluer reste subjectif et revêt une dimension psychologique.

Il existe en formation plusieurs formes d'évaluation[3]. Parmi toutes, la plus pratiquée par les formateurs reste l'évaluation formative, utilisée

---

1. Ce terme s'est d'abord répandu au Québec (1945) puis en France dans les années 1960 (Robert, *Dictionnaire historique de la langue française en deux volumes*, 1994).
2. Poitiers par exemple, où l'écart est maximum.
3. Évaluations prédictives, formatives et sommatives par exemple.

pendant la réalisation d'un exercice du stagiaire. Elle vise à contribuer à la régulation des apprentissages en prélevant une information pertinente pour la porter à la conscience du stagiaire. Toutefois, c'est un acte complexe qui peut demander beaucoup de tact. En effet, les stagiaires, à leur arrivée en formation, sont parfois marqués par des expériences d'évaluation antérieures douloureuses – à l'école[1] ou en entreprise[2]. Or, on ne peut pas exercer le métier de formateur sans pratiquer d'évaluation formative. Évaluer constitue un jugement sur la valeur d'une chose, et lorsque «l'objet d'évaluation» est une personne, cela mérite de se poser quelques questions.

Évaluer touche le «terrain psychologique» du stagiaire et peut déclencher des mécanismes de défense du Moi. Le but de cette démarche est de proposer une forme de communication qui tienne compte de la dimension psychologique très présente lors de la pratique de l'évaluation formative.

---

1. Un stagiaire est un ancien élève; certaines pratiques de formation peuvent lui rappeler des souvenirs scolaires douloureux. Pour illustrer, voici un extrait de témoignage d'un ancien stagiaire : «*Je me souviens en particulier de mon prof d'anglais de troisième qui m'insultait et me qualifiait de nul et d'incapable chaque fois que j'ouvrais la bouche tout en prenant un malin plaisir à m'interroger. La haine que je ressentais pour cet homme, je n'ai jamais pu l'exprimer ni à l'école, ni auprès de mes parents. Alors je l'ai retournée contre moi-même. Depuis ce jour, j'ai toujours eu une angoisse irrépressible avant d'ouvrir la bouche devant quelqu'un. En stage, j'ai peur du regard et du jugement d'autrui.*»

2. L'abandon du modèle de la qualification pour celui de la compétence a introduit des pratiques d'évaluation en entreprise. Or, dans certains cas, les évaluations pratiquées lors des entretiens annuels constituent plus un moyen de renforcement du poids de la hiérarchie directe sur le subordonné que l'exploration des compétences à développer (Brochier, 2002). Cette expérience «d'évaluation détournée» comme moyen de pouvoir peut rendre le stagiaire méfiant et raviver un sentiment de trahison.

L'importance du feed-back et de la maîtrise des différents signes de reconnaissance

La communication spécifique proposée pour donner des évaluations formatives s'inspire des règles du *feed-back* associées à la notion psychologique de *signes de reconnaissance*[1].

> ▶ Le feed-back (de l'anglais to feed : nourrir et back : en retour) est un moyen de communication qui permet de vérifier que le message a bien été compris par l'interlocuteur et de quelle façon.

Je considère que dans le cas de la formation, le premier temps de communication (l'évaluation) consiste à faire savoir au stagiaire ce que l'on pense de son travail, de son comportement, pour qu'il puisse s'ajuster, apprendre et développer ses compétences. Le second temps (le feed-back) consiste à prendre des indices pour vérifier qu'il a compris (ou n'est pas encore prêt à comprendre) ce qui lui est dit ou proposé. La notion de feed-back est très large puisqu'il va du simple regard adressé au formateur aux paroles échangées (et à la manière dont elles le sont). Le «langage du corps» a aussi toute son importance : rapprochement, éloignement, raidissement, mouvements du corps, expressions faciales, etc., sont autant d'indices à repérer par le formateur pendant le temps de communication d'une évaluation.

---

1. D'après les travaux de Steiner et son conte «pédagogique» (Steiner, 2004).

Comment s'ajuster à la zone proximale de développement des stagiaires ?

Le feed-back est un moyen de régler le niveau d'information à donner lors de l'évaluation pour qu'elle se situe dans la zone proximale de développement du stagiaire, c'est-à-dire là où «mûrissent» les compétences qu'il peut mobiliser avec un tout petit coup de pouce du formateur.

Outre son utilité pédagogique, «l'évaluation» représente une nécessité biologique de «caresses affectives» (terme des «transactionnalistes»). Pour s'en convaincre, on peut se rapporter à une expérience de Harlow avec des bébés singes liée à la question de l'attachement. Cette expérience montre que les bébés ont autant besoin de contacts que de nourriture. Cette conclusion semble aussi valable pour les bébés humains qui, coupés de liens affectifs lors d'une hospitalisation, développent des troubles somatiques et psychiques que Spitz a appelés «hospitalisme».

Adultes, nous avons encore besoin de recevoir des signes de reconnaissance (des évaluations positives ou négatives) sur notre travail et nos comportements. Sans cela, l'être humain s'aigrit ou déprime : l'absence de signes de reconnaissance (l'indifférence) n'est pas supportable psychologiquement. Les signes de reconnaissance sont des calories affectives qui (comme la nourriture) permettent à l'être humain de se développer.

En quoi cet outil participe-t-il à la gestion de conflit en formation ? Afin de «survivre» sur le plan affectif, les êtres humains vont tout faire pour obtenir des signes de reconnaissance (SR). En principe, ils vont chercher des signes de reconnaissance positifs (SR +), les plus agréables à recevoir. Mais s'ils n'y parviennent pas, ils iront chercher une autre forme de reconnaissance : les signes de reconnaissance négatifs (SR−) car, rappelons-le : psychologiquement, l'indifférence est insupportable. La bonne maîtrise du feed-back et l'utilisation de SR lors de la pratique de l'évaluation formative permettent de limiter les risques de conflits.

Les différents types de signes de reconnaissance en formation

Le tableau[1] ci-dessous indique la pertinence (ou la contre-indication) en formation des différents types de SR.

	Portant sur l'être, la personne	Portant sur le comportement, le travail
SR + **(agréables à recevoir)**	*Par exemple :* «Tu es intelligent.» «Je suis fier de toi.» «Tu es capable.» «Tu es fait pour ce métier.»	*Par exemple :* «Ce que tu as fait est bien.» «Ton travail est correct.» «Bravo pour ta performance.» «Dans cette situation tu as démontré tes capacités pour exercer ce métier.»
SR - **(désagréables à recevoir)**	*Par exemple :* «Tu ne comprends rien.» «Tu ne comprendras jamais rien.» «Tu es nul.» «Tu n'es pas du tout fait pour ce métier.» «Tu n'as rien à faire dans cette formation.»	*Par exemple :* «Les résultats de ce travail ne correspondent pas à ce qui est attendu.» «Il faut refaire ce travail.» «Ce comportement n'est pas acceptable dans ce métier et/ou cette formation.» «Ce travail ne correspond pas à ce qui est attendu.»

---

1. J'ai trouvé la matrice de ce tableau dans Cardon et *al.* (1995, p. 62) que j'ai renseignée à partir des réactions de formateurs lors de stages de professionnalisation.

Communiquer avec les signes de reconnaissance (SR) lors d'une évaluation

Pour les SR + :

- surtout, ne pas se priver de donner des SR + lorsqu'ils sont authentiques et sincères ;
- ne jamais donner du «toc», c'est-à-dire dire un SR + qui n'est pas réellement sincère (il vaut mieux momentanément ne rien donner) ;
- ne pas insister si un stagiaire a du mal à accepter les SR + ;
- rester à l'écoute du type de SR + dont le stagiaire pourrait avoir besoin.

Et encore plus pour les SR-

Avant une évaluation négative :

- prendre un temps pour se préparer (surtout si l'on est en colère ou si l'on a peur) et rester dans une attitude bienveillante envers le stagiaire (si c'est trop difficile, il vaut mieux différer l'évaluation) ;
- vérifier que le stagiaire est en état d'accepter l'évaluation (et éventuellement s'abstenir si ce n'est pas le moment) et de l'exploiter (c'est-à-dire d'améliorer son travail ou son comportement qui est «sous son contrôle») ;
- donner du sens à la pratique de l'évaluation en évoquant les objectifs de la formation et/ou les exigences du métier, l'insertion en entreprise… ;
- déclarer que l'on a deux choses à dire : commencer par donner au moins un SR + (qui ne soit pas du «toc») puis utiliser la conjonction de coordination «ET» pour donner le SR-. Ne pas utiliser un «par contre» ou un «mais», termes qui minoreraient le SR +.

Pendant une évaluation négative :

- se référer à des exemples précis (les travaux qui viennent d'être réalisés, ou un fait qui s'est passé récemment par exemple), exposer son propre point de vue (en disant *«je»* plutôt que *«tu»* ou *«vous»*) ;

- particulièrement lorsqu'il s'agit de SR- sur le comportement, nuancer son propos (*«Il me semble que...»* ou *«Il se pourrait que ce comportement pose problème...»*) et laisser la liberté d'accepter ou de refuser l'évaluation ;

- limiter le nombre de SR- : il vaut mieux en donner un seul qui sera accepté et compris par le stagiaire que plusieurs qui risquent d'activer son système de défense et d'altérer la relation formative ;

- utiliser des alternatives à l'évaluation :

  1. Poser une question ouverte à l'apprenant pour l'amener à l'auto-évaluation (par exemple : *«Que pouvez-vous[1] dire de votre travail?»* ou *«Que pensez-vous de votre comportement dans telle situation?»*) ;

  2. Donner un point de vigilance : *«Peut-être pourriez-vous faire attention à...»*

Après une évaluation négative :

- S'assurer éventuellement que l'apprenant a bien compris l'évaluation. On peut lui demander pour cela de reformuler ce qu'il a compris en lui posant la question : *«Que retenez-vous de ce que je viens de dire?»*

- Si besoin, proposer une remédiation. L'important n'est pas que le stagiaire l'accepte telle quelle mais que, partant de là, il puisse éventuellement en inventer une, acceptable par les deux parties.

- Aboutir, si nécessaire, à la négociation d'un «contrat pédagogique» spécifique entre le stagiaire et le formateur (en accord avec son insti-

---

1. On le verra plus loin, le tutoiement ou le vouvoiement est à employer en fonction du choix du formateur.

tution et ses collègues). Il visera à redéfinir les besoins et attentes de chacun (stagiaire, formateur, professionnel de l'organisme et éventuellement référent de l'entreprise) ainsi que leurs engagements respectifs permettant d'atteindre le nouvel objectif.

QUESTION

✓ Auto-évaluez-vous à l'aide de cette démarche pour prendre conscience de la manière dont vous pratiquez l'évaluation formative, notamment lors d'évaluations négatives. Qu'avez-vous appris ?

Communiquer
en situation conflictuelle

Le formateur peut faire l'hypothèse d'une situation conflictuelle dans le groupe lorsqu'il constate une recrudescence de divergences de point de vue des stagiaires, des difficultés à travailler en sous-groupes, voire une baisse de production (en quantité et/ou en qualité). Le conflit est ouvert lorsqu'on en arrive aux cris, aux paroles fortes, aux grincements de dents. La machine à café et le matériel en général sont des éléments «très sensibles» aux conflits et en souffrent... Le conflit est latent lorsqu'il existe une apparente paix et harmonie : le calme se limite à la surface de la mer. En profondeur ça bouillonne, et en surface la participation du groupe est quasi inexistante, un tsunami se prépare. Il est capital, pour exercer notre métier, de pouvoir proposer aux stagiaires un outil simple de régulation des tensions qui ne manquent pas de se développer entre eux dès les premières semaines de vie de groupe. C'est ce qui est présenté dans cette démarche.

Souvent, quand je propose ce thème aux stagiaires, ils expriment des appréhensions, comme s'ils voulaient rester dans le confort d'une illusion de «bon groupe où l'on s'entend bien». Il s'ensuit souvent des discussions sur les «stratégies de gestion» qui seraient les unes meilleures que les autres. Voici les propositions qui reviennent le plus souvent :

- Nier et fuir le problème en espérant que ça s'arrangera tout seul. D'ailleurs, en parler risque d'aggraver la situation.

- Pousser un «coup de gueule» pour que cela cesse et espérer que le problème se résoudra «naturellement».

- Adoucir le problème en disant qu'un tel n'a pas fait exprès, que ce n'est pas de sa faute ou qu'il n'est pas en forme aujourd'hui, et penser que demain ce sera oublié.

Pour ma part, je pense que ces stratégies ne sont pas payantes et je constate que si l'on ne fait rien, petit à petit, des membres du groupe notent toutes ces petites tensions sur leur «ardoise magique personnelle» jusqu'à ce qu'elle soit pleine. Ensuite, elle est présentée, souvent violemment, au débiteur pour être immédiatement réglée. Il est alors un peu trop tard pour agir afin de rétablir une communication saine, ou du moins c'est plus difficile car souvent «la maison ne fait plus crédit».

Pourquoi faut-il apprendre à communiquer en situation conflictuelle ?

Nous allons utiliser un protocole partagé de communication en situation conflictuelle. Comme il faut toujours être prudent avec les «recettes», il me semble indispensable de discuter du «pourquoi» avant de montrer le «comment», afin que chacun puisse y adhérer et modifier le protocole si nécessaire.

Pour discuter de la pertinence de ce protocole, il est possible de reprendre l'idée de l'interêt du symbolisé : «ce sur quoi nous sommes d'accord», pour vivre en groupe. Au préalable, je propose de différencier *agressivité* et *violence*. Cette distinction nous sera utile un peu plus loin.

L'image[1] suivante a fait le tour du monde : un étudiant, sur la place Tian'anmen, fait face, seul, à un char d'assaut arrêté. Chaque fois que le char veut contourner l'étudiant, ce dernier se met en travers de sa route. Cette situation va durer quelques minutes. Qui, de l'étudiant ou

---

1. Lors d'un séminaire, Boyer (2004) a utilisé cet événement historique pour caractériser la violence. J'ai donné une touche personnelle au développement de cette idée.

du conducteur du char, fait violence? On pourrait d'abord penser que le conducteur du char est violent. Le rapport de masse entre le char et l'homme est si important que c'est à s'y laisser prendre. Examinons l'idée inverse. Le conducteur du char est dans le registre de l'agressivité, l'étudiant dans le registre de la violence. Symboliquement, l'agressivité marque la volonté d'attaquer. Le char d'assaut est un engin militaire qui a été construit pour cela. Les enfants qui jouent avec des chars miniatures le savent déjà. C'est donc inscrit dans notre culture. Or, il y a violence lorsque le réel s'impose à nous et que cela n'était pas prévu (c'est-à-dire symbolisé). Lorsque les étudiants ont manifesté en Chine sur la place Tian'anmen, ils pouvaient sans doute s'attendre à une intervention agressive de l'armée à l'aide de chars. Ce qui était prévisible s'est réalisé. *A contrario*, lorsque le conducteur du char a été contraint de s'arrêter pour ne pas écraser l'étudiant, événement saisi par la presse du monde, il n'avait certainement pas prévu cela. Il avait appris à l'école militaire qu'une roquette peut arrêter un char mais qu'un homme seul, et désarmé de surcroît, puisse arrêter un char, certainement pas! Pour le conducteur du char, l'acte de l'étudiant sur la place Tian'anmen est dans le registre de la violence car ce qui est arrivé ne pouvait pas être prévu par le militaire. C'est d'ailleurs pour ces raisons que l'image a fait sensation.

Dans notre communication quotidienne, nous utilisons des codes qui rendent les interactions prévisibles, c'est-à-dire non violentes car symbolisées – ce sur quoi nous sommes d'accord. Des rituels de «croisement» tels que «comment ça va?» en sont de bons exemples. Machinalement, nous répondons «bien» et nous continuons par un : «Et toi?»; dans 99 % des cas on entend un «bien». En principe, les rituels de communication nous permettent d'en connaître le déroulement et surtout de savoir comment cela va finir.

Ce que nous redoutons dans les tensions interindividuelles, c'est l'aspect imprévisible de la communication, renforcé par la mobilisation d'émotions, celles des autres et les nôtres. Pour dépasser ces situations, un des moyens consiste à ritualiser, à partager avec les stagiaires un code de communication particulier qui donne un caractère prévisible à la communication en situation de conflit.

L'EPOC[1], un protocole partagé de communication en situation conflictuelle

Ce protocole doit être présenté et partagé avec les stagiaires afin qu'ils sachent comment communiquer dans une situation conflictuelle. En somme, c'est un «ce sur quoi nous sommes d'accord dans notre groupe pour sortir d'une situation conflictuelle». Ce protocole est à utiliser au début du conflit (à la bonne «époque»). S'il est déjà ouvert, il est trop tard pour intervenir, il vaut mieux différer. La relation est trop «chaude», émotionnelle et réactionnelle, la pensée n'a pas encore sa place. Lorsque le soufflé retombe, on peut tenter d'appliquer ce protocole.

E... comme « Expliciter les faits »

Dans cette première phase, la communication consiste à retrouver les faits qui sont à l'origine de la tension.

Pour retrouver les faits, vous pouvez identifier vos «mauvaises pensées» et rechercher les situations qui les alimentent. Par exemple, vous êtes en colère et vous percevez maintenant que vous «ruminez» cette mauvaise pensée : «Ces personnes ne sont pas de véritables amis.» Ensuite, identifiez la situation à l'origine de cette pensée : «Ils sont allés au restaurant sans moi.»

Retrouver les faits et les confronter vous amènera à reconsidérer la situation. Pour vous aider, acceptez que nous sommes sujets à des processus mentaux déformant les faits. Il est reconnu psychologiquement que les

---

1. À partir de mon expérience et des travaux de Rosenberg (1999), j'ai adapté l'outil «stratégie pour formuler une critique constructive» *in* Canal et *al.* (1994, p. 52).

témoins d'une scène, même «fiables», peuvent avoir une perception contradictoire des «faits».

Ces faits sont à expliciter par A^1 en langage «JE» sous forme de perception : «Je perçois que tu me parles brutalement ces derniers temps, c'est-à-dire que...» Il est aussi important que A considère le point de vue de B et puisse le reformuler pour arriver à partager les faits. Il s'agit, en somme, de construire un cadre commun qui permette de poursuivre le dialogue. Si A et B ne peuvent pas partager ces faits – ceux qui sont à l'origine du conflit –, il ne sert à rien de continuer. Ne pas partager ces faits constitue l'indicateur de la perte de la relation. Si A et B n'arrivent pas à dépasser ce stade, A peut encore rester ouvert à la gestion du conflit en se mettant d'accord avec B sur ce sur quoi ils ne sont pas d'accord (les faits). Plus tard, A pourra y revenir... peut-être. Cependant, la rupture se fait proprement. Dans ce cas, si A et B admettent qu'ils ont deux réalités différentes sur les faits, c'est malgré tout trouver une sorte d'accord.

P... comme «Partager ses réactions»

La communication consiste ici à ce que A exprime et partage avec B en quoi ces faits lui posent problème.

L'attitude de partage, signe d'égalité réciproque dans la relation, est essentielle pour éviter une escalade. En poursuivant l'exemple précédent, A pourrait dire : «Cela m'a fait de la peine que vous alliez au restaurant sans moi, je me suis senti exclu.»

---

1. Pour des raisons didactiques, j'appelle «A» celui qui estime avoir subi un dommage et «B» celui qui en serait à l'origine.

La difficulté peut aussi provenir du non-respect des règles. Si, lors du processus de communication, *B* ne reconnaît pas cela, inutile de continuer. Comme dans le cas de la phase précédente, *A* peut encore rester ouvert à la gestion du conflit en se mettant d'accord avec *B* sur ce sur quoi ils ne sont pas d'accord (les faits). Puis, plus tard, on pourra peut-être y revenir… Comme précédemment, c'est une rupture propre qui est recherchée. Reconnaître l'existence d'un problème peut être complexe. Si *B* reconnaît l'existence d'un problème, on passe à la phase suivante. Il se peut aussi que *B* reconnaisse le problème et s'excuse, alors on peut s'arrêter là.

0... comme « Oser exprimer une demande »

La communication consiste ici à exprimer une demande. *A* fait des propositions (elles restent provisoires à ce stade) à *B* qui peut les accepter ou les refuser. Si *B* refuse la proposition de *A*, il fait une contre-proposition. *A* peut accepter ou non. Dans le cas où *A* n'accepte pas, il fait une autre proposition. De proche en proche, «Je te demande de… Je te propose», un accord peut être trouvé.

C... Comme « Conclure sur le changement »

La communication consiste ici à reformuler l'accord qui a été trouvé et à le pérenniser.

En situation tendue, il est toujours recommandé de commencer par l'emploi de l'EPOC. Son utilisation est cependant limitée, notamment dans le cas où l'agressivité est structurelle[1]. Le formateur peut rencontrer, dans l'exercice de son métier, des stagiaires qui ont des comporte-

---

[1]. Son emploi est limité, d'une part, à cause du processus de développement d'un groupe en formation : il existe des phases conflictuelles dans un groupe en formation où des clans peuvent se former et où l'imago de groupe se différencie (*Cf.* démarche 8 «Clôturer la vie du groupe et se quitter»). D'autre part, le formateur peut être le sujet d'un processus transférentiel.

ments agressifs de façon structurelle. La dimension d'agressivité est incluse dans la personnalité et a pu être apprise dans la petite enfance ou bien relever d'une difficulté d'affirmation de soi. Dans ce cas, le formateur doit mettre en œuvre une forme de communication particulière, non pas pour résoudre le conflit mais pour ne pas l'alimenter.

Pourquoi parle-t-on de phénomènes transférentiels en formation?

La psychanalyse a souligné l'existence de phénomènes transférentiels dans la relation pédagogique. En effet, lorsque dans une relation, il existe un sujet supposé savoir (le formateur) et d'autres supposés ignorer (les stagiaires) qui lui attribuent la possession de cet «objet de savoir» dont ils estiment manquer (ce peut être un savoir technique ou relationnel, réussir un exercice mais aussi trouver un travail, etc.) il y a alors transfert (positif). Puis, chemin faisant, le stagiaire constate que le formateur ne peut pas donner tout ce dont il estime manquer, le transfert devient négatif : il «en veut» au formateur. Aussi, est-il préférable, dès le début de la relation formative, de modérer le transfert positif. Je pense aussi que les phénomènes transférentiels sont d'autant plus présents que la formation est de longue durée, se déroule en «présentiel» et avec un formateur unique. Je propose une attitude pratique pour le formateur face aux phénomènes transférentiels dans le chapitre 1 *(cf. « La formation, un climat influencé par le style du formateur»)*. De son côté, le formateur peut être sensible au transfert positif ou négatif d'un stagiaire. Il aura donc à être vigilant pour ne pas être le «jouet» de ses propres projections (positives ou négatives) sur ce dernier.

Un protocole de communication face à une personne agressive

Écouter sans...

… juger ce que dit la personne, pratiquer la métacommunication sur l'état émotionnel de la personne en évitant de se sentir personnellement attaqué par ses propos, c'est le rôle professionnel du formateur qui est agressé. Par exemple, on dira : «Je vois que tu es très en colère contre moi.»

> ▶ On appelle ici métacommunication l'attitude qui consiste à communiquer sur la communication. Elle permet de prendre de la distance (et d'en faire prendre à l'interlocuteur) lorsque la situation devient tendue.

Recourir à la...

... reformulation en utilisant un rythme un peu plus lent que celui de la personne. Rester poli et bienveillant en employant un ton ferme. Si nécessaire, recadrer la communication sur le sujet en reformulant : « Si je comprends bien, vous me dites que... et nous sommes ensemble pour résoudre tel point. »

Faut-il vouvoyer ou tutoyer les stagiaires ?

C'est une question qui se pose souvent en formation de formateurs. Je me la suis moi-même longtemps posée. D'abord, il y a une règle de base : le principe de la symétrie sociale dans la relation formateur/formé. En effet, ce n'est pas parce que le statut de formateur pose une dissymétrie de connaissances/compétences vis-à-vis du stagiaire que cela doit provoquer une communication dissymétrique dans laquelle le stagiaire vouvoie le formateur qui, en retour, le tutoie. Cette attitude n'est pas compatible avec les postulats que j'ai proposés dans la première démarche. Avec le principe de la symétrie sociale, on obtient trois possibilités pratiques : tutoiement réciproque avec l'emploi des prénoms, vouvoiement réciproque avec l'emploi des prénoms et enfin, vouvoiement réciproque avec l'emploi des noms de famille précédés d'un « monsieur » ou non. La pratique du tutoiement avec l'emploi des prénoms entretient une relation plus proche que la dernière possibilité. Comment doser cette distance ?
C'est en revenant à l'objectif de la formation que l'on peut trouver une réponse satisfaisante. Dans une formation d'insertion socioprofessionnelle, la pratique du vouvoiement réciproque peut constituer un apprentissage utile à l'insertion dans le monde du travail. Dans une formation professionnelle, il me semble que l'on peut pratiquer les habitudes de la profession : par exemple, on se tutoie sur un chantier de construction du bâtiment.

Répondre à la...

... demande en associant si possible la personne à la recherche de la solution. Si ce n'est pas faisable, on peut, soit différer la réponse en donnant un délai le plus précis possible, soit indiquer à la personne à qui elle peut s'adresser.

Si la réponse est négative et que la personne se montre toujours...

... agressive. Utiliser la technique du «disque rayé»[1] en répétant par exemple «Je comprends bien, mais ce n'est pas possible parce que...», sans vous énerver.

──────────────── QUESTIONS ────────────────

✓ Si vous avez vécu récemment des situations conflictuelles dans lesquelles vous n'avez pas trouvé d'issue, pouvez-vous identifier précisément ce que vous avez fait? Que s'est-il passé lors des différentes phases? À quel moment la communication a-t-elle été difficile (voire s'est enlisée) et pourquoi?

✓ Si c'était à refaire, comment vous y prendriez-vous?

✓ Pratiquement, comment envisagez-vous de former les stagiaires à l'outil «EPOC» et de les amener à l'utiliser?

───────────

1. L'expression est de Zaczyk.

Prendre soin de soi en tant que formateur

Le stress[1] constitue un des chapitres de la psychologie de la santé. Je ne vais pas aborder ce sujet comme tel, je n'en ai d'ailleurs pas les compétences. Plus précisément, je propose de mener une réflexion sur le stress comme *un état émotionnel intense face à une demande d'adaptation*. C'est dans cette perspective que j'exposerai certains éléments issus de la psychologie des émotions et des neurosciences pour donner du sens aux outils pratiques de la gestion du stress proposée dans cette démarche.

Un formateur en exercice s'expose à des situations stressantes : il doit continuellement s'adapter car il reçoit énormément de stimuli de la part du groupe, ce qui peut vite devenir épuisant. S'il ne prend pas soin de lui, stressé, il peut amplifier et alimenter les conflits entre les stagiaires et entre ces derniers et lui. Que peut-il faire de ses émotions, les laisser au vestiaire? Que peut-il faire pratiquement pour gérer son stress?

Émotions et gestion du stress

Pour les évolutionnistes comme Ekman[2] (2002) nos émotions ont été façonnées par l'évolution de l'espèce. Ce chercheur a démontré que les

---

1. Le mot trouve son origine dans deux mots d'ancien français : «destrece» qui signifiait détresse et «estrece» qui signifiait oppression.
2. Pour Ekman, l'ouvrage de Darwin *L'Expression des émotions chez l'homme et les animaux* marque le début d'une psychologie des émotions.

émotions de base (peur, colère, surprise, joie, dégoût, tristesse) sont interprétées de la même manière[1] sur tous les points de la terre. Cette capacité de lire les émotions sur le visage des autres membres du groupe est un des éléments qui aurait permis à notre espèce de survivre. En effet, il était important de pouvoir «sentir» les faux amis, il en allait de sa vie et de la survie de son groupe.

Pour Damasio, comme pour Ekman, l'émotion s'exprime dans le corps et donne un signal. Cependant, Damasio (1999) introduit une diffé-rence entre *émotion*[2] et *sentiment* pour nous proposer une théorie origi-nale de l'émotion. Le sentiment est un changement mental qui intervient pour celui qui éprouve une émotion. Par exemple, lorsque nous percevons un visage, l'image est d'abord traitée par la rétine puis elle accède au cortex visuel, situé à l'arrière du cerveau. C'est là que la forme du visage est analysée pour se diriger ensuite vers le cortex tem-poral. Dans ce dernier, les informations sont plus finement analysées pour constituer l'identité de l'individu. Enfin, cette information tran-site vers l'amygdale, l'organe des émotions. L'amygdale est un centre nerveux situé au centre du cerveau qui évalue le contenu du stimulus, soit comme quelque chose de prometteur duquel il faut se rapprocher, soit comme quelque chose de dangereux qu'il faut fuir. L'amygdale possède une information préprogrammée issue de l'évolution[3] de l'espèce et elle s'enrichit aussi de l'expérience de l'individu. L'amygdale

---

1. La culture a certainement une incidence sur l'expression et l'interprétation de l'émotion.
2. Damasio introduit d'autres nuances dont je ne parle pas ici.
3. En se promenant en forêt on peut, en une fraction de seconde, s'écarter de son chemin parce que l'on a aperçu un serpent. C'est l'amygdale qui est alors aux commandes en utilisant un cir-cuit neuronal qui court-circuite le cortex. Il se peut aussi que l'on ait simplement confondu un morceau de bois avec un serpent – le traitement de l'information issu de la seule amygdale reste sommaire. C'est la forme du morceau de bois qui nous a trompé, alors nous revenons sur le chemin. L'information primaire, en transitant par le circuit neuronal long et mobilisant le cor-tex, a invalidé «l'analyse» de l'amygdale : le cortex a repris les commandes. Cependant, même si l'on se trompe de temps en temps, il vaut mieux qu'il en soit ainsi : cette attitude peut sauver la vie ; elle est un vestige de l'évolution de notre espèce.

déclenche des réactions comportementales et agit sur le système nerveux végétatif (la respiration, le pouls, etc.). Dans notre exemple, si le visage nous est familier et nous procure une *émotion de joie,* il y a des chances pour que nous ayons un *sentiment d'ouverture et une envie de se rapprocher des autres* (ces sentiments sont fonction du contexte bien entendu).

D'autre part, toujours pour Damasio (Simon, 1997), le cerveau surveillerait en permanence l'état des organes et des viscères. Ainsi, lors d'une prise de décision, une coopération amygdale/cortex semble possible de la manière suivante : le cortex propose des scénarios très fugaces qui, perçus par l'amygdale, provoquent dans le corps une réaction somatique identifiable (au niveau des organes et des viscères), positive ou négative. Celle-ci permet alors au cerveau de connaître très rapidement la réponse et d'opérer des choix. En somme, sans émotion, il n'est pas possible de prendre de «bonnes» décisions et de s'adapter. Ce chercheur a construit cette proposition à partir de l'hypothèse du marqueur somatique et de l'observation de ses patients qui présentaient des lésions neurologiques telles que leur famille ou amis pouvaient percevoir un «avant» et un «après». C'est-à-dire *«un trouble de la capacité à décider de façon avantageuse dans des situations impliquant risque et conflit, et une réduction sélective de la capacité de résonance émotionnelle dans ces mêmes situations précisément, bien que les capacités émotionnelles soient préservées»*[1].

Le tableau ci-après peut nous aider à comprendre la chaîne émotions de base/sentiments et à «écouter» ce que les émotions nous disent de la décision à prendre afin de limiter le stress.

---

1. A. R. Damasio, trad. C. Larsonneur et C. Tiercelin, *Le Sentiment même de soi,* Odile Jacob, 1999, p. 49.

Une émotion de... Indicateurs corporels associés d'après Ekman, Bloch et al. in Dantzer (2002)	... provoque plutôt un sentiment de...	... qui peut montrer un besoin ...	... et amener à se poser des questions (pour orienter la «bonne décision») telles que :
... peur Fréquence cardiaque élevée et baisse de la température cutanée, respiration irrégulière, bouche ouverte et tendue.	... fuite, envie de s'éloigner de.	... d'être rassuré.	Quel est le danger? Est-il réel ou imaginaire? Comment puis-je me protéger? Que me manque-t-il pour affronter la situation? Quelles sont mes limites?
... colère Fréquence cardiaque élevée et hausse de la température cutanée, amplitude et fréquence de la respiration exagérément élevées.	... attaque, envie de s'opposer.	... d'être respecté.	Quel est mon problème? Ai-je réellement subi un dommage? Si oui, lequel? Sinon, qu'est-ce qui n'est pas respecté? Par exemple, une idée à laquelle je tiens particulièrement et qui est attaquée ou un problème sur la définition de mon territoire (matériel ou symbolique)?
... tristesse Fréquence cardiaque élevée et baisse de la température cutanée.	... retrait, envie de se replier sur soi.	... d'être consolé.	Qu'est-ce qui me rend triste? En quoi ma tristesse est-elle liée à une perte affective, une déception, un deuil ou un échec personnel?
... joie Fréquence cardiaque faible et baisse de la température cutanée.	... ouverture, envie de se rapprocher des autres.	... d'être apprécié et reconnu.	Que puis-je faire encore pour partager mon bonheur ou ma joie?

Si un formateur «émotif» – qui accueille ses émotions – apprend à utiliser la chaîne émotion/sentiment pour prendre de meilleures décisions et répondre ainsi aux adaptations nécessaires pour accompagner[1] les stagiaires, je ne vois pas en quoi cela constituerait un handicap dans l'exercice de son métier. Bien au contraire! Ce qui pourrait vite l'être, en revanche, serait une incapacité à identifier les émotions intenses génératrices de stress face à une demande d'adaptation telle que celle-ci : un stagiaire prend de plus en plus souvent violemment la parole ou remet en question devant le groupe «l'autorité du formateur» qui ne sait plus quoi faire. Dans ce cas, la demande d'adaptation «perçue» jusque dans «les tripes» se traduit toujours par un accroissement de l'énergie physique et de l'acuité sensorielle. Si le formateur inhibe l'action, il prend des risques pour sa santé[2]. Reconnaître le processus appelé syndrome général d'adaptation[3] (SGA) peut alors lui être salutaire pour apprendre à le gérer avant la phase d'épuisement. Il est indispensable également de prendre le recul[4] nécessaire pour imaginer une action[5] face à l'attitude du stagiaire.

---

1. Comprendre, par exemple, comment un stagiaire s'y prend pour mettre en colère un formateur peut donner des indications à ce dernier pour qu'il aide le stagiaire à dépasser son problème si, bien entendu, cela a du sens dans l'acte de formation. Si cela n'en a pas, il faut que le formateur reconnaisse sa colère et se fasse aider dans un autre lieu. Le stress génère une attitude agressive qui donne prise au conflit.

2. Selon Laborit, l'inhibition de l'action face au stress provoque de sérieux désordres dans l'organisme. Le film d'Alain Resnais *Mon oncle d'Amérique* (Resnais, 1980), tourné avec le concours de Laborit, en montre les conséquences sur les hommes. Il vaut mieux quelquefois fuir…

3. Terme employé par Selye pour décrire le processus physiologique du stress en trois phases.

4. Freud disait que l'humour était un bon mécanisme de défense, c'est en soi une première prise de recul, une forme de stratégie adaptative. Une véritable prise de recul consiste à pouvoir analyser la situation en repartant des véritables émotions et sentiments mobilisés dans la relation avec le stagiaire.

5. Les psychologues identifient différentes stratégies adaptatives pour gérer le stress appelées «coping» (en anglais *«to cope»* signifie «faire face»). Il existe des coping évitants ou vigilants. Le coping évitant vise à réduire la tension émotionnelle : s'investir dans le sport ou pratiquer la relaxation, partager ses émotions avec des amis, ou apprendre une stratégie de gestion de l'émotion. Ces stratégies sont efficaces sauf lorsqu'elles s'expriment par une fuite dans la prise de produits psychoactifs (tabac, alcool, médicaments…). Le coping vigilant, qui consiste à prendre des informations sur la situation stressante, est efficace si la personne peut effectivement agir sur la cause du stress.

Les trois phases du syndrome général d'adaptation

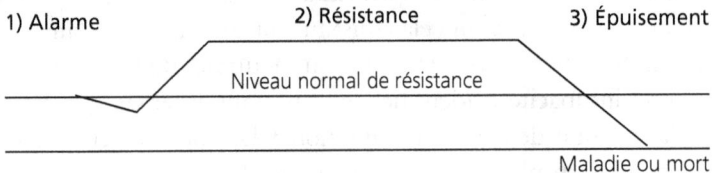

1) Alarme 2) Résistance 3) Épuisement

Niveau normal de résistance

Maladie ou mort

1. Au **stade de l'alarme** des mécanismes réflexes (par exemple la libération d'adrénaline) organisent la défense de l'organisme pour faire face à la situation par la lutte ou la fuite. Si le danger est écarté, l'organisme revient à un état de calme. Dans le cas contraire, l'organisme passe au stade de résistance.

2. Le **stade de résistance** permet au corps, tant que le stress persiste, de résister par un jeu complexe de modifications métaboliques et hormonales. Le corps tente de réparer les dommages causés et de récupérer l'énergie consommée.

3. Le **stade d'épuisement** est atteint lorsque la réserve d'énergie est vide et que la capacité de résistance s'effondre : nos muscles deviennent douloureux, l'état de fatigue est général.

Ce qui provoque le stress est appelé « stressor » ou facteur de stress

Les stressors externes du formateur :

- douze (ou plus) paires d'yeux de stagiaires rivés sur soi;
- la montre, c'est-à-dire le temps disponible pour animer une séquence de formation et gérer les interventions des stagiaires;
- la nature des interactions avec les stagiaires et entre les stagiaires;
- la nature des interactions formateur/stagiaires;

- les relations dans l'équipe pédagogique et avec la hiérarchie ;
- les relations avec les clients.

Les stressors internes du formateur :

- essentiellement, vouloir ce qui n'est pas sous son contrôle (être aimé des stagiaires[1]) ou ce qui est impossible (vouloir absolument qu'un stagiaire réussisse un examen, trouve un emploi) ;
- ne pas tenir compte de ce qui se passe en lui-même.

Le distress

Le distress (que l'on appelle parfois mauvais stress) est dû à l'incapacité d'utiliser, pendant une longue période, l'énergie dégagée par le stress. La tension provoquée par l'accumulation de cette énergie devenant elle-même source de stress, la personne est enfermée dans un cercle infernal où éliminer l'énergie accumulée devient impossible. Or, pour les théoriciens de l'apprentissage social (Bandura, 2003), une des manières de résister au stress est de se sentir muni de compétences pour s'adapter aux changements. C'est dans cette perspective que les outils pratiques suivants sont proposés.

Pour pratiquer une meilleure gestion du stress

Considérations générales

Au niveau physique :

1. Pratiquer des activités physiques non stressantes (sans compétition) comme la marche à pied, le footing, la natation à condition de respecter le SGA (faire des exercices fractionnés : effort soutenu (résistance), ralentissement récupération (épuisement), effort soutenu, etc.).

---

1. Dans ce cas, ce qui est sous le contrôle du formateur, c'est de percevoir les besoins des stagiaires et d'adapter la séance en rapport.

2. Veiller à équilibrer son alimentation[1] selon ses besoins (en qualité comme en quantité), prendre le temps de manger et respecter les rythmes des repas. Privilégier le plaisir et la convivialité, et enfin ne pas hésiter à savourer de temps en temps des «plats de son enfance» qui sont de puissants «destressors».

3. S'étendre sur l'herbe, bâiller, respirer à fond.

Au niveau psychologique :

1. Gérer ses besoins (physiques et émotionnels), savoir dire non.

2. Avoir une pièce ou un «coin à soi».

3. Gérer ses sentiments et apprendre à reconnaître ce qu'ils nous disent (*cf.* tableau précédent : peur, colère, tristesse, joie).

4. Anticiper et/ou gérer les conflits et les problèmes.

5. Symboliser les conflits pour s'en débarrasser.

6. S'entourer d'un réseau de soutien, prendre du recul, participer à des groupes d'analyse de la pratique.

7. Pratiquer la visualisation.

8. Se simplifier la vie.

Au niveau spirituel :

1. Donner un sens à son travail (et à sa vie).

2. Méditer.

---

1. On ne pouvait pas faire l'impasse sur l'alimentation en évoquant le stress. En effet, pour l'homme, s'alimenter génère du stress. Si nous étions des koalas, les choses seraient plus simples, un seul aliment à trouver : la feuille d'eucalyptus. Le stress serait alors très réduit. Cependant, l'adaptation du koala reste aussi très limitée : il est tributaire de l'existence de l'eucalyptus. Or, comme nous l'avons vu, le stress est lié à une demande d'adaptation et si les hommes se sont adaptés à tous les climats (des pôles à l'Équateur), c'est parce qu'ils sont des omnivores «complets». Cette capacité à se nourrir d'aliments aussi variés n'est pas sans risque, elle est stressante : il faut détecter par exemple les champignons comestibles de ceux qui sont vénémeux. Simplifier notre alimentation sans oublier de se nourrir d'aliments qui nous font plaisir, contribue à limiter le stress.

3. Chanter (démarche Wilfart par exemple).

4. Se ressourcer.

Premier exercice
(adapté de la relaxation progressive de Jacobson)

Mettez-vous à l'aise sur une chaise, déchaussez-vous. Vous y êtes ? Maintenant, prenez le temps de sentir le contact du sol sous vos pieds... Puis, une fois en contact avec le sol, faites remonter votre conscience sur les parties de votre corps qui touchent la chaise. D'abord les cuisses... puis les fesses. Peut-être percevez-vous qu'une partie de votre corps pèse plus sur la chaise qu'une autre ?... Sentez vos bras... et votre dos...

Ensuite, prenez le temps de prendre conscience de l'air qui gonfle vos poumons puis votre ventre... et de votre expiration... Prenez conscience de l'air qui sort de vos poumons et qui est expulsé...

Maintenant, vous allez contracter puis relâcher, en conscience, des groupes de muscles... D'abord, contractez votre visage en inspirant... Faites une grimace en apnée et maintenez cette contraction, sentez-la bien... Lorsque vous y êtes, relâchez en expirant doucement et en faisant un «ssss» avec la bouche... Percevez-vous[1] la différence ? Recommencez une fois... et une fois encore. Vous devez bien sentir la différence... Ce relâchement est agréable.

Pour finir, contractez les muscles du cou... Puis décontractez-les... Sentez combien il est agréable de se sentir décontracté. Puis faites de même avec les muscles du dos..., etc.

Deuxième exercice
(adapté de la méthode de Meichenbaum)

Écrivez sur une feuille les pensées automatiques qui vous stressent actuellement. Ce peut être : «Les stagiaires vont me poser des questions auxquelles je n'aurai pas de réponses.» Puis continuez la phrase avec

---

1. Voici une variante si vous n'y arrivez pas : massez-vous (ou faites-vous masser) le groupe de muscles pendant vingt secondes (commencez par le cuir chevelu). Arrêtez, vous devriez percevoir cette différence.

une pensée «paradoxale» : «Plusieurs questions, mais pas toutes. Je me suis bien préparé et d'ailleurs, répondre à toutes les questions, c'est "tuer" la possibilité pour les stagiaires de développer leur autonomie.» Ensuite, répétez-vous cette phrase avant votre intervention en groupe chaque fois que la pensée «irrationnelle et catastrophique» refait surface. Enfin, récompensez-vous mentalement du changement de pensée qui est en marche.

QUESTIONS

✓ Comment pourriez-vous, pour vous-même ou pour les stagiaires dont vous avez la responsabilité, adapter ce qui vous est proposé ici?

Clôturer la vie du groupe et se séparer

À l'issue d'une formation de longue durée, il s'en est passé des choses dans la vie du groupe et tout n'est certainement pas complètement réglé pour les stagiaires et pour le formateur. Il faut donner des occasions pour que chacun puisse s'exprimer… avant la dernière heure de formation. Pour clôturer le groupe, nous allons imaginer une situation symbolique pour faciliter le travail de séparation des membres[1] (ce qui ne veut pas dire que les personnes ne pourront plus se réunir de nouveau). Simplement, le groupe en formation ne sera plus.

Les étapes de la vie du groupe et la fin de la formation

Pour favoriser le développement des compétences et le processus d'individuation des stagiaires, le formateur a utilisé la dynamique de groupe, ce qui n'allait pas forcément de soi. Pour permettre aux stagiaires de terminer leur formation dans de bonnes conditions, il est important que le formateur connaisse et favorise les différentes étapes de développement d'un groupe en formation.

---

1. Il faut aussi imaginer la situation où une personne quitte le groupe en formation avant son terme.

Un groupe traverse différentes étapes (Mucchielli R., 2000; Bazin, 1994). Pour le groupe en formation, je propose d'en repérer quatre.

1. **Une étape de malaise et d'angoisse** où les stagiaires restent sur la défensive et évaluent les «forces» des autres par rapport aux leurs. Les opinions restent stéréotypées et les stagiaires se cachent derrière leur masque social (les études, leurs anciens métiers, etc.). Le formateur aide à passer cette phase en donnant des règles de fonctionnement de groupe (première partie de la démarche n°3 *«Poser un cadre de "protection" et établir des règles de vie»*) et en proposant un exercice de présentation peu «implicant» (le début du tableau des «méthodes pour se présenter et faire connaissance» de la démarche n°2 *«Se présenter et faire connaissance»*). Ensuite, il encouragera l'expression des malaises en favorisant la découverte de l'Autre sur les dimensions psychologiques et ontologiques par une méthode un peu plus «implicante» (le milieu et la fin du tableau des «méthodes pour se présenter et faire connaissance» de la démarche n°2).

2. **Une étape de pseudocohésion de groupe ou d'euphorie collective** où les stagiaires recherchent plaisir et toute-puissance. C'est aussi le moment où le groupe encourage les timides et critique les «grandes gueules» ou les «premiers de la classe». Lors de cette phase, le formateur doit s'efforcer de ne pas porter de jugement sur les stagiaires et doit s'attendre à être critiqué sur ses méthodes de travail : il doit faciliter l'expression de ces critiques dans le groupe et négocier les points qui sont «négociables». C'est à ce moment-là qu'il modifie le protocole de l'inclusion du lundi matin. «Puis un jour, les stagiaires-formateurs deviennent eux-mêmes garants du processus de régulation du lundi matin. Alors, à tour de rôle, ils préparent les questions du lundi matin et régulent les interactions dans le groupe.» (*cf.* démarche 2).

3. **Une étape de conflit** où les «grandes gueules» l'ouvrent et se «font rentrer dedans». On constate alors une coupure du groupe : ceux qui veulent que les véritables sentiments s'expriment et ceux qui veulent fuir. C'est à ce moment-là que les affinités dans le groupe

s'affichent et que l'imago[1] se différencie. Il s'ensuit une lutte pour le leadership, et le formateur devient très exposé. Bien se connaître et avoir bien clarifié son rôle reste sa principale force. En effet, il aura à argumenter ses choix pédagogiques, à reconnaître ses limites, voire ses erreurs, devant le groupe et, malgré tout, à rester le «capitaine» (démarche n°1 «*Renforcer son identité de formateur en délimitant son champ de pratique*»). Si l'on travaille en équipe, il est primordial d'être solidaire et de partager les mêmes cadres théoriques ou des cadres théoriques complémentaires.

4. **Une étape de résolution des conflits** où la coopération sur la tâche redevient possible et fluide. Chacun a trouvé sa place et accepte publiquement ses limites. Le formateur doit s'effacer (sans laisser-faire bien entendu) pour permettre les expériences d'individuation des stagiaires. Alors, il peut maintenir le système de régulation du lundi matin où, les chaises en cercle, chacun dit ce qu'il a à dire, chacun devient «maître du jeu».

À la fin de la formation, les différentes étapes d'évolution du groupe ont pu générer des sentiments ou des blessures psychiques pour les stagiaires; le formateur reste fortement exposé. Pour durer dans le métier de formateur et être capable d'accueillir un nouveau groupe, il va s'avérer nécessaire de «nettoyer» la relation. En effet, il arrive que dans l'exercice du métier, on soit particulièrement touché à l'endroit d'une vieille blessure. Alors, il nous faut pardonner.

Pour clôturer la formation, le centre de formation organise une cérémonie; il est aussi important qu'il en existe une particulière pour signifier la fin de la relation du groupe avec le formateur.

---

1. J'ai abordé ce point dans la démarche 2 «Se présenter et faire connaissance».

Première proposition : princes, princesses et lutins

1. Stagiaires et formateur écrivent leur prénom sur un petit papier et le plient en quatre.
2. Les petits papiers sont placés dans une grande boîte.
3. Chacun tire un papier et l'ouvre sans rien dire. S'il tire son prénom, il replace le papier plié dans la boîte et en tire un autre.
4. Le formateur tire le dernier papier (si c'est son prénom, on recommence tout depuis le début).
5. Le lutin (celui qui a tiré le papier) doit se «rapprocher» du prince ou de la princesse (le prénom écrit sur le papier), sans qu'il ou elle s'en doute. L'objectif est d'offrir un cadeau (symbolique et sans grande valeur marchande) qui fasse plaisir et de préparer un petit texte qu'il déclamera devant le groupe.
6. Lors d'un dernier repas pris en dehors du centre de formation, les participants partagent les cadeaux et les textes selon ce protocole :
7. Un des lutins (un stagiaire) offre son cadeau accompagné du texte. Si le cadeau est bien choisi, ce moment est très émouvant. Ensuite, celui qui a été prince ou princesse devient à son tour lutin et ainsi de suite…

Deuxième proposition : la dernière valse

1. La veille du dernier jour de formation, le formateur demande aux stagiaires de compléter cette fiche :

Prénoms des personnes du groupe :	Ce que j'ai apprécié dans la relation avec toi…	Ce qui m'a gêné dans la relation avec toi et le point de vigilance que je t'offre…

2. Le lendemain, dans un espace libre (sans tables, ni chaises… ou dans la nature), formateur(s) et stagiaires sont debout sur un fond musical

(valses viennoises ou autre musique appropriée) qui servira à créer un climat serein tout en maintenant l'intimité des personnes.

3. Lorsque tout le monde est prêt, chacun invite une autre personne (formateur ou stagiaire) à «danser» avec lui. Pendant la «danse», chacun s'exprime en s'aidant de sa préparation de la veille; l'autre personne ne fait pas de commentaire sur ce qui lui est proposé, sauf pour demander des précisions si elle n'a pas compris. Ensuite, elle dit également ce qu'elle a écrit à son interlocuteur. Le tout se fait dans un climat de bienveillance, sans agressivité. Et ainsi de suite, jusqu'à ce qu'il n'y ait plus de «danseurs». À ce moment, le formateur pourra déclarer que le «bal» est clos.

Cet exercice constitue une véritable phase de régulation psychoaffective. Dans cette perspective, il peut être utilisé avant la fin de la formation, dans des périodes clés du stage.

Ce dernier jour de la formation, après une photo de groupe, nous nous plaçons en cercle et nous nous regardons longtemps les yeux dans les yeux pour nous dire une dernière fois merci et au revoir. Se séparer, ce n'est pas rompre, c'est laisser ce qui est devenu inutile.

QUESTIONS

✓ Que retenez-vous de ces différentes démarches?

✓ Laquelle, *a priori*, vous paraît adaptable au type de formation que vous menez? Comment pourriez-vous vous en inspirer pour clôturer la prochaine formation que vous allez animer?

En guise de conclusion

Je souhaite que ce livre contribue à donner aux formateurs quelques éclairages théoriques et méthodologiques pour faciliter leur pratique et leur donner envie de continuer le chemin en adaptant ce qui est proposé ici et en découvrant d'autres approches. En effet, les idées et outils pédagogiques présentés dans ce livre ne constituent en aucun cas le «bon modèle». Souhaitons simplement qu'ils encouragent le lecteur à se professionnaliser par le biais de la formation et/ou de l'analyse de la pratique.

La rédaction de cet ouvrage m'a permis de «redécouvrir» la complexité du métier, ce qui m'amène à terminer en posant une seule question : étant donné la complexité du métier et les enjeux de la société autour de la question du développement des compétences, de l'accès de tous à la qualification, de l'avènement de la «société de la connaissance», comment se fait-il que des formateurs exercent ce métier sans formation pédagogique adaptée à leur niveau de responsabilité?

Remerciements

Je tiens d'abord à remercier tous les enseignants, conférenciers, formateurs dont j'ai suivi les enseignements. Ils m'ont beaucoup nourri. Une mention spéciale à Alain Jagu, Jean Vassileff, Guy Avanzini, Serge Tomamichel, Nicole Catona, Eric Schneider, Père Gueydan, Louis Schorderet, François Balta, Fabrice Clément, Alain Boyer, Philippe Forray et Marc Derycke : ce qu'ils m'ont appris reste vivant. C'est aussi l'occasion pour moi de redire merci à tous les formateurs (collègues, partenaires...) que j'ai croisés depuis une vingtaine d'années. Nos interrogations, nos échanges sur les conflits en formation ont orienté la structure de cet ouvrage.

Je tiens ensuite à remercier tous les stagiaires que j'ai rencontrés lors des formations que j'ai eu la charge d'animer ou de co-animer. Eux aussi m'ont beaucoup appris sur la nature des conflits en formation.

Plusieurs personnes m'ont aidé à la relecture du manuscrit. Leur aide a été très précieuse. D'abord, trois lecteurs-témoins ont successivement lu le manuscrit au cours de sa transformation : Carole Pivert, formatrice et conseillère en insertion, puis Florence Sauvignet, formatrice-consultante, et enfin Mony Fournier, formatrice en français et amie. Chacune m'a fait part de ses remarques et m'a encouragé à continuer.

Merci à Bernard Paugam, spécialiste des questions de formation à l'AFPA, qui a consacré du temps pour formuler ses critiques. La divergence des points de vue est toujours enrichissante.

Merci à Christian Massardier, médecin du travail, qui connaît bien le monde de la formation. Il m'a apporté, en toute simplicité, des remarques fort utiles. Merci aussi à Nelly, son épouse.

Merci à Bernadette Dupuis, psychologue clinicienne de formation qui a lu le manuscrit «avec ce qu'elle est», c'est-à-dire avec beaucoup d'attention, de bienveillance et de pertinence.

Enfin, mes remerciements du cœur et de l'esprit vont à Brigitte Chizelle, ma complice dans la vie et dans le travail. Pendant douze ans, ensemble, nous avons co-animé des formations en communication puis des formations de formateurs et, en parallèle, des ateliers d'analyse de la pratique professionnelle pour les acteurs de la formation et de l'insertion. Ensemble, nous avons élaboré et expérimenté les différents outils qui sont présentés ici. Elle m'a aidé à les formaliser. Sans elle, cet ouvrage n'existerait pas. J'ai aussi une tendre pensée pour Iris, notre fille, qui a contribué, à sa mesure, à cette aventure collective.

Références bibliographiques[1], cinématographiques et vidéographiques

Anzieu D., *Le Groupe et l'Inconscient*, Paris, Dunod, 1996.

Anzieu D. et Martin J.Y., *La Dynamique des groupes restreints*, Paris, PUF, 1994.

Astolfi J-P., *L'Erreur, un outil pour enseigner*, Paris, ESF, 1997.

Avanzini G. et *al.*, *Pédagogies de la médiation*, Lyon, Chronique Sociale, 1992.

Avanzini G. et *al.*, *La Pédagogie aujourd'hui*, Paris, Dunod, 1996.

Bandura A., trad. Lecomte J., *Le Sentiment d'efficacité personnelle*, Bruxelles, De Boeck Université, 2003.

Banet H. et al., *La Qualité en formation professionnelle*, Paris, AFNOR, 1997.

Bazin R., *Organiser les sessions de formation*, Paris, ESF, 1994.

Beauvois J.-L., «Théorie de la dissonance cognitive» *in Grand dictionnaire de la psychologie*, Paris, Larousse, 1999.

Bellier S., *Ingénierie en formation d'adultes*, Paris, Éditions Liaisons, 1999.

---

1. Je ne donne pas forcément l'année de 1re édition, mais l'année d'édition de l'exemplaire que je possède.

Berne E., trad. Dilé L., *Des jeux et des hommes*, Paris, Stock, 1975.

Bion W.R., trad. Herbert E. L., *Recherches sur les petits groupes*, Paris, PUF, 1991.

Blanchet A. et Trognon A., *La Psychologie des groupes*, Paris, Nathan Université, 1994.

Blay M., *Grand dictionnaire de la philosophie*, Larousse, 2003.

Bloch H. et *al.*, *Grand dictionnaire de la psychologie*, Larousse, 2000.

Bollinger D., *Pierre Bourdieu*, France, CNDP vidéo, 1991.

Bougeois E. et Nizet J., *Apprentissage et formation des adultes*, Paris, PUF,1997.

Boutinet J.-P., «Vie adulte en formation permanente : de la notion au concept» in *Traité des sciences et des techniques de la Formation*, Paris, Dunod, 1999.

Boyer A., *Guide philosophique pour penser le travail éducatif et médico-social*, tomes 1 et 2, Ramonville, Érès, 2001.

Boyer A., *Crise, violence et émotions*, séminaire, IFTS, Toulouse, 2004.

Brochier D. et *al.*, *La Gestion des compétences*, Paris, Economica, 2002.

Schneuwly B. et Bronckart J.-P. et *al.*, *Vygotski aujourd'hui*, Delachaux et Niestlé, Neuchâtel, 1985.

Canal J.-L. et *al.*, *Les Outils de la PNL à l'école*, Paris, Éditions d'Organisation, 1994.

Cardon A. et *al.*, *Les Concepts clés de l'analyse transactionnelle*, Paris, Éditions d'Organisation, 1995.

Carré P., *De la motivation à la formation*, Paris, L'Harmattan, 2001.

Castra D., *L'Insertion professionnelle des publics précaires*, Paris, PUF, 2003.

Cerclé A. et Somat A., *Manuel de psychologie sociale*, Paris, Dunod, 1999.

Chandezon G. et Lancestre A., *L'Analyse transactionnelle*, Paris, PUF, 1982.

Channouf A. et Rouan G., *Émotions et cognitions*, Bruxelles, De Boeck Université, 2002.

Chappuis R., *La Psychologie des relations humaines*, Paris, PUF, 1986.

Chizelle B. et Lataste D., « Miroir ô mon miroir » in *Champ contre champ* n°1, Lyon, Espace formateurs, 2001.

Choiselle R. et Esparre P.-L., *Psychologie sociale des entreprises*, Paris, Sirey, 1970.

Clément F., *L'Élément humain, phase one, Schutz*, séminaire, Archipélago, Paris, 2007.

Cornet V. et Auriol P., *Le Parler-vrai*, Paris, ESF, 1995.

Chouquet F. et Laborit F., *Henri Laborit itinéraires*, France, Centre national, 1996.

Crozier M. et Friedberg E., *L'Acteur et le Système*, Paris, Seuil, 1977.

Damasio A.R., trad. Larsonneur C. et Tiercelin C., *Le Sentiment même de soi*, Paris, Odile Jacob, 1999.

Dantzer R., *Les Émotions*, Paris, PUF, 2002.

Dejours C., *Le Facteur humain*, Paris, PUF,1995.

Dejours C., *L'Évaluation du travail à l'épreuve du réel*, Paris, INRA, 2003.

Dennery M., *Piloter un projet de formation*, Paris, ESF, 1999.

Derycke M., « Essai sur le don : une aventure sémiotique » in Anis J. et al., *Le Signe et la Lettre – Hommage à Michel Arrivé*, Paris, L'Harmattan, 2000.

Derycke M., *Les Quatre Discours de Lacan*, séminaire, CRE, Université de Saint-Étienne, 2002.

Dethy M., *Introduction à la psychanalyse de Freud*, Lyon, Chronique Sociale, 1996.

Doise W. et Mugny G., *Le Développement social de l'intelligence*, Paris, InterÉditions, 1981.

Dubar C., *La Socialisation*, Paris, Armand Colin, 2000.

Dubost V., *Les Émotions*, Paris, ESF, 2000.

Dumont J.-N. et *al.*, *Vie spirituelle et psychologie*, Lyon, Le Collège Supérieur, 2003.

Dupouey P., «Le Respect de la personne en formation» *in* Delamaire P. et *al.*, *Éthique et formation*, Paris, L'Hamattan, 1998.

Ekman P. in Dehaene S. et Gibrat J.-P., *Dans le secret des émotions*, ARTE/Trans Europe Film, France, 2002.

Enriquez E., «Petite galerie de portraits de formateurs en mal de modèle», *in Connexions* n° 33, Paris, EPI, 1981.

Épictète, trad. de Gondicas M., *Ce qui dépend de nous*, Paris, Arléa, 1995.

Esser M., *La PNL en perspective*, Liège, Labor, 1993.

Everaert-Desmedt N., *Sémiotique du récit*, Bruxelles, De Boeck Université, 2000.

Fabre M., «Qu'est-ce que la formation?», *Se former* + n°S19, Lyon, Voie Livres, 1992.

Festinger L. et *al.*, trad. Mayoux S. et Rozenberg P., *L'Échec d'une prophétie*, Paris, PUF, 1993.

Foray P., *Un cadre sociopolitique*, séminaire, CRE, Université de Saint-Étienne, 2002.

Ford J., *L'Homme qui tua Liberty Valence*, USA, 1962.

Frankl V., *Découvrir un sens à sa vie*, Québec, Les Éditions de l'Homme, 1993.

Freud A., *Le Moi et les Mécanismes de défense*, Paris, PUF, 1985.

Freud S., *Essais de psychanalyse*, Paris, Payot, 1989.

Goguelin P., *La Formation continue des adultes*, Paris, PUF, 1975.

Greimas A.J., *Du sens*, Paris, Seuil, 1970.

Greimas A.J. et Courtés J., *Sémiotique dictionnaire raisonné de la théorie du langage*, Paris, Hachette, 1993.

Gueydan E. (Père), documents du séminaire *Amour et pardon, chemin de guérison*, 2004.

Guiho-Bailly M.-P., «Adulte» in *Dictionnaire encyclopédique de l'éducation et de la formation*, sous la direction de Champy P. et Étévé C., Paris, Nathan, 1994.

Hadji C., *L'Évaluation démystifiée*, Paris, ESF, 1997.

Ionescu S. et al., *Les Mécanismes de défense*, Paris, Nathan, 2001.

Jacques P., *Cogito Vie et Œuvre des grands philosophes*, vol. 1 à 5, France, La Cinquième-Hatier, 1996.

Joule R.-V. et Beauvois J.-L., *La Soumission librement consentie*, Paris, PUF, 2007.

Jung C. G., trad. Cahen R., *Dialectique du Moi et de l'inconscient*, Paris, Gallimard, 1986.

Kübler-Ross, trad. Maheu P., *La Mort dernière étape de la croissance*, Paris, Éditions du Rocher, 1985.)

Klapisch C., *Un air de famille*, France, 1996.

Korzybski A., trad. Kohn D. et al., *Une carte n'est pas le territoire*, Paris, Éditions de l'Éclat, 1998.

Kourilsky-Belliard F., *Du désir au plaisir de changer*, Paris, Dunod, 1999.

Laborit H., *Éloge de la fuite*, Paris, Robert Laffont, 1976.

La Fontaine J., notes de Darmon J.-C. et Gruffat S., *Fables*, Paris, Librairie Générale Française, 2002.

Landsheere G., *Dictionnaire de l'évaluation et de la recherche en éducation*, Paris, PUF, 1992.

Laplanche J. et Pontalis J.-B., *Vocabulaire de la psychanalyse*, Paris, PUF, 1997.

Lataste D., *Un regard sur le conflit en formation développé à partir de l'analyse sémiotique*, mini-mémoire de sémiotique, DEA en sciences de l'éducation, Université de Saint-Étienne, 2002.

Le Boterf G., *De la compétence à la navigation professionnelle*, Paris, Éditions d'Organisation, 1997.

Lévy A., *Psychologie sociale*, tome 2, Paris, Dunod, 1996.

Lewin K., trad. Faucheux M. et C., *Psychologie dynamique*, Paris, PUF, 1959.

Linton R., trad. Lyotard A., *Le Fondement culturel de la personnalité*, Paris, Dunod, 1986.

Lumet S., *Douze hommes en colère*, USA, 1957.

Marc E. et Picard D., *L'École de Palo Alto*, Paris, Retz, 1984.

Mauss M., *Sociologie et anthropologie*, Paris, PUF, 1950.

Michard P. et Yatchinovsky A., *Histoire de vie*, Paris, ESF, 1995.

Michel S., *Peut-on gérer les motivations ?*, Paris, PUF, 1989.

Miquel P., *Paul Ricœur*, CNDP, 1993.

Morfaux L.-M., *Vocabulaire de la philosophie et des sciences humaines*, Paris, Armand Colin, 1980.

Mouillet M.-C. et Colin C., *Chemin faisant*, Issy-Les-Moulineaux, EAP, 1997.

Mucchielli A., *Rôles et communications dans les organisations*, Paris, ESF, 1991.

Mucchielli A., *Les Motivations*, Paris, PUF, 1992.

Mucchielli R., *La Dynamique des groupes*, Paris, ESF, 2000.

Nasio J-D., *Le Plaisir de lire Freud*, Paris, Payot & Rivages, 2001.

Neri C., *Le Groupe*, Paris, Dunod, 1997.

Noyer D. et Piveteau J., *Guide pratique du formateur*, Paris, Insep Éditions, 1993.

Paugam B., *Relation d'aide et résistance, document inspiré des travaux de Conrad Lecomte*, Nantes, AFPA, 1993.

Paravy G. et Martin J., *Médiation éducative et éducabilité cognitive*, Lyon, Chronique Sociale, 1996.

Pelpel P., *Les Stages de formation*, Paris, Bordas, 1989.

Penn A., *Miracle en Alabama*, USA, 1962.

Piaget J., *La Construction du réel chez l'enfant*, Delachaux et Niestlé, Neuchâtel, 1967.

Pineau G., «Formation» in *Dictionnaire encyclopédique de l'éducation et de la formation*, sous la direction de Champy P. et Étévé C., Paris, Nathan, 1994.

Raynal F. et Rieunier A., *Pédagogie : concepts clés*, Paris, ESF, 1997.

Resnais A., *Mon oncle d'Amérique*, France, 1980.

Reuchlin M., *Psychologie*, Paris, PUF, 1977.

Rogers Carl-R., *Les Groupes de rencontre*, Paris, Dunod, 1996.

Rosenberg MB., trad. Cesotti A. et Secretan C., *Les Mots sont des fenêtres (ou bien ce sont des murs)*, Paris, la Découverte & Syros, 1999.

Rouzel J., *Le Transfert dans la relation éducative*, Paris, Dunod, 2002.

Sartre J.-P., *Critique de la raison dialectique*, tomes 1 et 2, Paris, Gallimard, 1960.

Schneuwly B. et Bronckart J.P., *Vygotsky aujourd'hui*, Lausanne, Delachaux et Niestlé, 1985.

Schutz W., trad. Lecomte J., *L'Élément humain*, Paris, InterÉditions, 2006.

Schorderet L., *Comment animer une réunion*, Suisse, Randin, 1999.

Segal L., trad. Hacker A-L., *Le Rêve de la réalité*, Paris, Seuil, 1990.

Sigaud F., «Folie, réel et technologie» in *Revue Internationale de Psychopathologie et de Psychodynamique du Travail* n°12, 2004.

Simon V. M., «Pannes d'émotions, pannes de décisions...», *Sciences Humaines* n°68, 1997.

Steiner C., *Le Conte chaud et doux des chaudoudoux*, adapt. française de *A Warm Fuzzy Tale*, Paris, InterÉditions, 2004.

Stewart I. et Joines Y., trad. Scherrer A.-M., *Manuel d'analyse transactionnelle*, Paris, InterÉditions, 1991.

Vanier A., *Éléments d'introduction à la psychanalyse*, Paris, Nathan, 1996.

Vautrelle H., *Critiques de la raison dialectique*, Paris, Ellipse, 2001.

Wilfart S., *Le Chant de l'être*, Paris, Albin Michel, 2002.

Zaczyk C., *L'Agressivité au quotidien*, Paris, Bayard, 1998.

Index des notions clés

A

accommodation, 20
actants, 47
acteur, 9
adjuvants, 47
affirmation de soi, 69
agressivité, 18, 124
alarme, 138
alimentation, 140
angoisses, 94
anxiété, 38
apathie, 27
apprentissage, 15, 20
assiduité, 94
authenticité, 88
auto-évaluation, 121
autonomie, 10, 68
axe de communication, 48
axe du désir, 48
axe du pouvoir, 48

B

blason, 81

C

Ça, 36
cadre de « protection », 93
carré sémiotique de Julien, 53
carré sémiotique du formateur, 54
chapeau, 81
compensation, 40
confidentialité, 96
conflit cognitif, 20
conflit de rôle et d'attentes de rôles, 8
conflit inter-rôles, 8
conflit intra-rôle, 8
conflit sociocognitif, 22
conflits individuels, 32
conflits interindividuels, 35
conformisme, 86

connaissance de soi, 88
contrat, 49
contrat injonctif, 49
contrat permissif, 49
convivialité, 96
coping, 137
coresponsabilité, 72
crise, 101

D

déplacement, 39
dépression, 27
désir, 68
destinataire, 47
destinateur, 47
différence, 52
dissonance cognitive, 23
distress, 139

E

écoute, 105
émotions, 133
EPOC, 126
épreuve principale, 49

épuisement, 138
évaluation, 115
exclus, 13
expertise, 12

F

feed-back, 117
fiche prénom, 80
formations en éducabilité cognitive
    ou en remise à niveau, 65
formations en insertion, 66
formations professionnelles, 65
frontières, 62
frustration, 6, 32
fuite, 138

G

gestion du stress, 133
groupe, 13, 17, 21, 77, 93-95,
    143

H

humour, 137

I

identité, 17, 38
image de soi, 41
imago, 88
inclusion, 89
indicateurs du conflit, 35
indifférence, 118
individuation, 87
Info/intox, 80
insécurité, 94
introjection, 36
isolés, 13

J

jugement, 144

L

leader influent, 13
leaders populaires, 13
libre choix, 25
lutte, 138
lutte de pouvoir, 88

M

malaise, 144
manipulation, 20, 108
manque d'inclusion, 88
masque social, 87
mécanismes de défense, 35, 37
métacommunication, 129
méthode active, 110
méthode de la découverte, 109
méthode démonstrative, 107
méthode expositive, 106
méthode interrogative, 108
méthodes affirmatives, 106, 107
méthodes pédagogiques, 103
Moi, 36
motivation extrinsèque, 16
motivation intrinsèque, 15
motivations, 13

N

nominalisation, 71

O

objet, 47
opposants, 47
ouverture, 88

P

participation, 15
photo-langage, 82
ponctualité, 94
pouvoir, 10
présentation croisée, 79
présentation par enquête, 79
projection, 39, 89
pseudocohésion, 144
psychanalyse, 35

Q

questions d'inclusion, 81

R

rareté, 5
rationalisation, 39
réactivité, 95
réalité, 100
réciprocité, 4
reconnaissance, 16
refoulement, 40
règles de vie, 97
relaxation, 141
remédiations, 11

résistance, 138
résistance au changement, 25, 28, 38
résolution des conflits, 145
respect, 96
responsabilité partagée, 95
ressources de pouvoir, 11
retour d'expérience, 111
rôle, 7

S

savoir théorique, 104
savoir-faire cognitifs, 105
savoir-faire formalisés, 104
savoir-faire relationnels, 105
savoirs d'environnement, 104
savoirs procéduraux, 104
sens, 69
sentiments, 70
signes de reconnaissance, 119
socialisation, 69
statut, 7
stress, 133
stressor, 138
stressors externes, 138
stressors internes, 139
style du formateur, 17
sujet, 47

Surmoi, 36
symbole, 100
symbolisations, 100
syndrome général d'adaptation, 137

T

territoire, 62
tour de table, 79
transfert d'objet, 50
transfert positif, 129

transformation identitaire, 17
typologie de savoirs, 104

V

valence (notion de), 33
valeur contraire, 51
valeurs, 48
valeurs en opposition, 53
vérité, 95
violence, 124

Index des noms propres

A

Anzieu, 85
Asch, 86

B

Bandura, 139
Bateson, 26
Bazin, 105, 143
Beauvois, 24, 25
Berne, 69, 88
Binet, 115
Bion, 95
Blanchet, 13
Bloch, 136
Boyer, 124
Braconnier, 37

C

Carré, 15
Castra, 23

Chapuis, 76
Colin, 28
Crozier, 9

D

Damasio, 134
Dantzer, 136
De Paolis, 23
Dejours, 100
Dennery, 105
Derycke, 45
Doise, 23
Dubar, 61
Durkheim, 68

E

Ekman, 133
Eskenazi, 99
Everaert-Desmedt, 45

F

Fabre, 62
Festinger, 23
Feuerstein, 72
Freud, 36, 75, 88
Freud Anna, 37
Friedberg, 9

G

Goguelin, 105

H

Hadji, 115
Harlow, 118

I

Ingham, 85

J

Jacobson, 141
Joule, 25
Jung, 87

K

Kant, 68
Kiesler, 25, 157
Korzybski, 74
Kourilsky-Belliard, 26
Kübler-Ross, 26

L

La Fontaine, 23
Laborit, 137
Le Boterf, 104
Lewin, 18, 21, 85
Lippit, 18, 85
Luft, 85

M

Marc, 26
Martin, 85
Meichenbaum, 141
Michard, 26
Moreno, 13, 158
Mouillet, 28
Mucchielli Roger, 94, 143
Mugny, 23

P

Paugam, 28
Pavlov, 26
Pelpel, 5
Piaget, 20, 33
Picard, 26
Pièron, 115
Pineau, 3

R

Rogers, 20
Rouzel, 75

S

Sartre, 4
Schutz, 88, 89, 90
Sigaut, 102
Simon, 135
Spitz, 118

T

Trognon, 13

V

Vautrelle, 4
Vygotski, 21

W

White, 18

Y

Yatchinovsky, 26

www.ingramcontent.com/pod-product-compliance
Lightning Source LLC
Chambersburg PA
CBHW061312220326
41599CB00026B/4850